土地流转背景下农户生计
策略选择及其福祉效应研究

彭继权　著

中国农业出版社

北　京

图书在版编目（CIP）数据

土地流转背景下农户生计策略选择及其福祉效应研究 /
彭继权著. -- 北京：中国农业出版社，2024. 12.
ISBN 978-7-109-32872-3

Ⅰ. F325.1

中国国家版本馆 CIP 数据核字第 2025C6Z946 号

土地流转背景下农户生计策略选择及其福祉效应研究
TUDI LIUZHUAN BEIJING XIA NONGHU SHENGJI CELÜE XUANZE
JIQI FUZHI XIAOYING YANJIU

中国农业出版社出版

地址：北京市朝阳区麦子店街 18 号楼

邮编：100125

责任编辑：郑　君　　　文字编辑：张斗艳

版式设计：小荷博睿　　　责任校对：吴丽婷

印刷：北京中兴印刷有限公司

版次：2024 年 12 月第 1 版

印次：2024 年 12 月北京第 1 次印刷

发行：新华书店北京发行所

开本：700mm×1000mm　1/16

印张：12.25

字数：190 千字

定价：68.00 元

摘要

　　本研究是国家自然科学基金项目"农民工家庭相对贫困的动态测度及扶贫长效机制构建：基于等值规模调整的研究"（72063012）、江西省社会科学基金项目"乡村数字经济提升农户幸福感的作用机理与实现路径研究"（23YJ12）资助的成果。中国正处在由农业大国向农业强国迈进的阶段，农业规模经营是农业现代化的先决条件之一，在当前土地制度背景下，土地流转是实现规模经营的可行路径。农业规模经营使得农村土地流转日益加快，工业化和城镇化的快速发展也推动着农村劳动力向城镇转移，在此过程中农村家庭的生计资本禀赋发生了明显变化，生计资本重组必然带来农户生产和生活方式的分化，也使得土地社会保障功能被弱化，对农户可持续生计可能产生未知风险。共同富裕是中国特色社会主义的本质要求，中国农村的改革和发展也是为了尽早实现共同富裕，共同富裕路上决不能让农民掉队。可持续生计是农户发展和致富的基础，这也就使得分析土地流转后农户可持续生计和福祉问题显得尤为重要。

　　在此背景下，本研究试图回答：土地流转对农户生计资本利用和生计策略选择有何影响，农户福祉是否会受土地流转的影响。为此，基于可持续生计理论，本研究构建了"土地流转—生计资本利用—生计策略选择—农户福祉（生计结果）提升"的理论分析框架，运用对农户的实地调研数据分析土地流转对农户可持续生计的影响。本研究的研究内容为以下几个方面：首先，梳理当前中国土地流转的法律政策演进与发展现状；然后，实证分析土地流转对农户生计资本利用的影响，主要探讨土地流转对耕地复种指数和农业机械化水平的影响；其次，实证分析土地流转对农户生计策略选择的影响，主要探讨土地流转对农户种植结构和非农就业的影响；再次，实证分析土地流转对农户福祉的影响，主要探讨土地流转对农户农业生产成本和贫困脆弱性的影响；最后，提出规范土地流转和促进农户可持续生计发展的政策建议。

本研究主要得出以下结论：第一，土地流转市场和管理服务日趋规范，但各地流转进度差异较大。中国农村土地流转法律政策经历了从"法律禁止和政策松动"到"法律许可和政策规范""法律保护和政策支持"，再到"法律保护和政策成熟"的发展路径。中国土地流转经历了一个从缓慢增长到快速增长、再到规范增长的过程，且经济发达地区的土地流转速度较快。第二，土地流转能提高生计资本利用水平，且因土地类型而存在区别。土地转入能促进农机使用，水田转入的促进作用更大；土地转入能提高耕地复种指数，水田转入后的复种也更加明显。第三，土地流转能使种植结构"趋粮化"，并提高农户非农就业水平。水田转入更能促进"趋粮化"，存在显著的规模递增效益。土地转出能提高农户非农化程度，非农人员和时间都有增加。第四，土地流转能显著提升农户福祉，助力农户可持续生计发展。土地转入能降低农业生产成本，对粮食作物生产成本降低幅度更大。土地转出能降低农户贫困脆弱性，水田转出的减贫作用更大。在此基础上，本研究提出以下政策建议切实贯彻共同富裕的战略部署，加强土地流转市场建设，推进农户适度规模经营；强化农业综合生产能力，提高转入户的经营效益；增强转出户的人力资本，促进转出户生计多样化；完善农村社会保障体系，降低农户土地流转风险。

目录

第一章

导　　论

第一节　研究背景与研究意义

一、研究背景

截止到 2024 年，中央 1 号文件已经连续 21 年聚焦"三农"问题，凸显了"三农"问题在中国社会主义现代化建设时期"重中之重"的地位。经过党和政府多年的努力，中国在解决"三农"问题上取得了一系列巨大成就。2020 年，中国全面消除了农村绝对贫困问题，彻底解决了困扰中华民族几千年的历史难题。2023 年，第一产业增加值达到 8.98 万亿元，粮食产量实现"二十连丰"，农村居民人均可支配收入达到 21 691 元，农村居民生活水平和幸福感得到了极大提高。但仍需清晰地认识到，中国"三农"问题距离被彻底解决依旧任重道远。尽管中国农业年增加值已经位居世界第一，但中国农业整体实力和竞争力还不够强，实现快速赶超的关键就是农业现代化建设，而规模经营则是农业现代化的先决条件之一。分散经营模式是制约规模经营的主要因素，如何通过调整土地经营制度来促进农业发展就显得尤为重要。2014 年中共中央、国务院印发《关于引导农村土地经营权有序流转发展农业适度规模经营的意见》，要求积极培育新型经营主体，发展多种形式的适度规模经营。2016 年 10 月 30 日，中共中央办公厅、国务院办公厅颁发的《关于完善农村土地所有权承包权经营权分置办法的意见》指出，现阶段深化农村土地制度改革，顺应农民保留土地承包权、流转土地经营权的意愿，将土地承包经营权分为承包权和经营权，实行所有权、承包权、经营权（以下简称"三权"）分置并行，着力推进农业现代化。这一系列政策的出台将农户的承包权和经营权相分离，为土地合法流转提供了法律和政策支撑。

随后，土地流转开始在中国大地上如火如荼地开展，中国农村土地流转面积从 2005 年的 255 万公顷上升到 2023 年的 3 780 万公顷，土地流转面积占总承包面积的比重从 2005 年的 3.07% 上升到 2023 年的 37%。大面积的土地流转为实现规模经营提供了有利条件，但随之而来的则是由土地流转衍生出的一系列生产和社会问题。土地流转面积的迅速增加，意味着大量土地向家庭农场、农业企业和合作社等规模经营主体集中，农业生产经营格局会跟着发生变化，从而导致农业生产要素的重组，并引起劳动力结构转型和农业技术创新。土地是农户重要的生计资本，土地流转改变了农户土地产权结构和农业生产效率，还能影响农户资源配置效率、土地规模经营水平和劳动力配置，从而影响农户的生计资本利用和生计策略选择，由此产生的未知风险可能会冲击农户的可持续生计，并最终对农户福祉产生影响。全面建成小康社会后要走推进共同富裕、全面建成社会主义现代化强国的道路，在努力实现共同富裕的背景下，政策制定和调整的最终目的是有利于经济发展和人民幸福，土地政策调整也需要有利于农业生产和农民福祉，探讨土地流转对农户生计和福祉的影响就显得尤为重要。因此，本研究基于可持续分析框架，分析土地流转对农户生计资本利用、生计策略选择和农户福祉的影响，以期厘清土地流转对农户可持续生计的影响，为解决"三农"中的规范土地流转和促进农户可持续生计提供政策支持，也能进一步丰富中国经济学理论体系。

二、研究意义

（一）理论意义

（1）厘清土地流转促进农户可持续生计的理论机制。土地流转与农户生计方面的研究较为丰富，但尚未有研究系统梳理土地流转在农户可持续生计中的作用机理，通常只是简单探讨两者间的关系，且大多也仅是从生计结果角度进行分析。本研究在分析农户可持续生计时，不仅探究了土地流转对农户生计结果的影响机理，还分析了土地流转对农户生计资本利用和生计策略选择的影响机理，从而更能全面把握土地流转对农户可持续生计的作用机理。在一定程度上深入了土地利用系统与农户生计系统的耦合关系分析，深化了人们对"人—地"两大子系统和谐发展的理解，更有利于社会经济的高质量发展。

（2）持续推进农户生计理论的中国化、系统化研究。农户生计理论最先起源于国外，之后由国内学者引入本土研究。目前国内学者在农户生计基础理论、生计资产评价方法及指标体系构建、生计策略及区域实践等方面作出了较多探索。不同于国外生计理论研究，国内关于农户生计理论研究起步较晚，中国农村发展又有其自身特点，对中国农村的生计问题尚缺乏深入和系统性的理论探讨。本研究在充分借鉴国外生计理论的基础上，基于中国农村的实际情况，深化农户生计理论研究，明晰农户生计内涵，持续推进农户生计理论的中国化、系统化研究。

（二）现实意义

（1）探明土地流转对农户可持续生计的影响效应。现有研究大多在集中探讨是何种因素影响着土地流转，更侧重关注的是土地规模经营问题，较少分析土地流转对农户生产生活的影响，此研究对解决"三农"问题具有较强的现实意义。农村土地长期以来都承担着为农户提供社会保障的功能，土地流转势必会改变农户的生产方式和生活节奏，也会对农户的生计资本和生计策略产生重大影响。因此，本研究是基于农户可持续生计理论，利用农户实地调研数据，分析土地流转对农户可持续生计的影响效应，包括土地流转对农户生计资本利用、生计策略选择和农户福祉的影响效应，从而更好地探明土地流转的影响效应。

（2）提出促进农户生计可持续发展的政策建议。随着全球环境变化和世界经济复苏的不确定性，农户面临着越来越大的生计压力，农户生计的可持续性问题日益受到各国政府、非政府组织和研究人员的普遍关注。动态监测农户生计可持续性变化及其影响因素，进而提出保障农户生计安全的策略和政策，已经成为促进农村地区可持续发展和共同富裕亟待解决的关键问题。本研究分析农户在土地流转后可持续生计存在的问题及农户可持续生计的影响因素，并基于公共政策的学科视角从多角度、多方面、多层次提出促进农户生计可持续发展的政策建议，从而促进农户尽快实现共同富裕。

第二节　研究内容与研究思路

一、研究目标

研究土地流转背景下农户生计资本利用情况，揭示土地流转对农户生计策略选择的影响，分析土地流转对农户福祉的影响，探讨提高农户福祉、促进农户生计可持续发展和共同富裕的政策建议。具体目标包括：

（1）构建土地流转影响农户可持续生计的理论框架，梳理清楚土地流转对农户生计资本利用、生计策略选择和福祉的影响机理。

（2）梳理我国土地流转法律政策的演进及其特征，厘清土地流转的法律政策目标，并描述我国农村土地流转的发展情况。

（3）研究土地流转对农户生计资本利用的影响，分析参与土地流转后农户的耕地复种和农业机械化水平的变动情况。

（4）揭示土地流转对农户生计策略选择的影响，分析参与土地流转后农户种植结构和非农就业的变化状况。

（5）揭示土地流转对生计结果的影响，即对农户福祉的影响，分析土地流转后农户的农业生产成本和贫困脆弱性。

（6）提出有利于规范土地流转、促进农户可持续生计和共同富裕的政策建议。

二、研究内容

（一）构建土地流转影响农户可持续生计的理论框架

土地流转是土地制度调整的新阶段，是对家庭联产承包责任制的继承和发展。土地流转的实施解决了家庭联产承包责任制安排下的生产力与生产关系不适应的问题。从人民公社向家庭联产承包责任制的转变，在一定程度上解除了体制安排对农民的束缚，生产方式也随之发生了巨大变化。土地流转是在更高程度上解除了对农民的束缚，改变了农村的要素流动。现代化农业的基本机理是市场经济的资源配置原理，土地流转在一定程度上迎合了这种需要。本研究基于农户行为理论、土地产权理论、可持续生计理论、农业规模经济理论等构建土地流转影响农户可持续生计的理论框架，分析土地流转的政策演进脉络和发展现状。

（二）探究土地流转的法律政策脉络和发展现状

理清当前土地流转的发展状况需要归纳土地相关政策制度的变迁，本研究梳理了从改革开放以来家庭联产承包责任制、土地承包经营权改革等阶段，从而总结出我国土地制度的发展脉络。按照从法律禁止到法律许可和法律保护，土地流转政策从松动、规范到支持和成熟这一逻辑脉络，理清土地流转法律政策的演进历程与特征。从巩固家庭承包经营制度、提高土地资源配置效率、增加农户收入、增强农业竞争力、推进"四化"同步等方面分析土地流转的政策目标。然后，基于全国数据分析当前我国土地流转在流转面积与质量、服务平台、管理与操作、流转形式、培育主体和壮大集体经济等方面的发展状况。

（三）探析土地流转对农户生计资本利用的影响

农户生计资本是决定农户生计可持续性的关键，本章主要分析土地流转对农户生计资本利用的影响。农业的生计活动主要为务农和务工，农业机械化是农业现代化水平的重要表征，是影响农业生产率的关键，耕地复种指数也能反映农户对生计资本的利用情况，本研究主要探讨农业机械使用和耕地复种两种生计资本。在探讨土地流转对农户农业机械使用的影响时，采用农业机械化水平来衡量农户农业机械的使用状况。同时，将土地流转变量设置为土地转入和土地转出两类变量，再利用计量模型分析各类土地流转变量对农户农业机械化水平的影响。在构建计量模型的基础上，采用PSM和GPSM模型先后分析土地是否转入、土地转入面积对农户耕地复种程度的影响。

（四）分析土地流转对农户生计策略选择的影响

生计策略对农户可持续生计有着重要作用，本研究主要研究土地流转对农户生计策略选择的影响。土地流转可能会对种植结构和就业类型产生较大影响，本研究重点考察农户生计策略中的种植结构和非农就业。在分析农户种植结构方面，侧重于探究农业种植结构的"趋粮化"和"非粮化"，采用粮食播种面积占比来衡量农业种植结构。按照土地流转的方向，可以从转入方的角度来探究土地流转对农业种植结构的影响，同时也衡量土地转入面积对农业种植结构的影响。在构建计量模型的基础上，采用 PSM 和 GPSM 模型先后分析土地是否转出、土地转出面积对农户非农就业的影响；在探讨土地转出对农户非农就业的影响时，将非农就业划分为非农就业人员占比和人均非农就业时间两类变量，以此来分析土地流转对农户劳动力配置的影响。

（五）分析土地流转对农户福祉的影响

土地流转会直接影响农户的农业生产收益，也会对非农收益产生影响，并最终对农户福祉产生影响。本研究主要从农业生产成本和贫困状况两个方面来衡量农户的福祉，在分析土地转入对农业生产成本的影响时，从水田和旱地两个角度分析不同类型土地转入对农户农业生产成本的影响，同时也进一步分析土地转入对粮食作物和经济作物生产成本的影响。在分析土地转出对农户贫困状况的影响时，首先，研究土地是否流转对农户收入和贫困程度的影响，为了预测土地流转的未来减贫效应，也考察土地是否转出对农户贫困脆弱性的影响；然后，分析土地转出面积对农户收入和贫困程度、贫困脆弱性的影响，以此来探究不同土地转出面积的福祉效应；最后，采用无条件分位数回归的方法探究不同分位点下土地转出面积对农户贫困程度和贫困脆弱性的影响。

（六）提出土地流转促进农户可持续生计的政策建议

农业生产高度依赖自然条件、农产品需求价格弹性小、农业的弱质性和公益性等特点决定了农业效益或者说投资收益率总低于其他产业。正因如此，发达国家不约而同重视农业投资和技术进步，并对农业实行了不同程度的保护政策，从而维持本国农业生产的长期供给能力。通过以上内容的分析，要想促进农业生产方式变革，必须对农业劳动过程中的农业生产技术条件和社会条件进行变革，本研究拟从土地流转的市场规范、法律制度建立和政策支持方面提出有利于农业生产的相关建议，使得土地流转在安全管理、过程管理、效率管理上适应新时代发展要求，从而促进农户可持续生计和共同富裕。

三、研究思路

按照提出问题、分析问题和解决问题的研究范式，构建土地流转影响农户可持续生计的理论框架，分析土地流转的法律政策演进脉络和发展现状，利用计量模型分别探究土地流转对农户生计资本利用、农户生计策略选择和农户福祉的影响，并提出土地流转促进农户可持续生计的政策建议，研究技术路线请见图1-1。

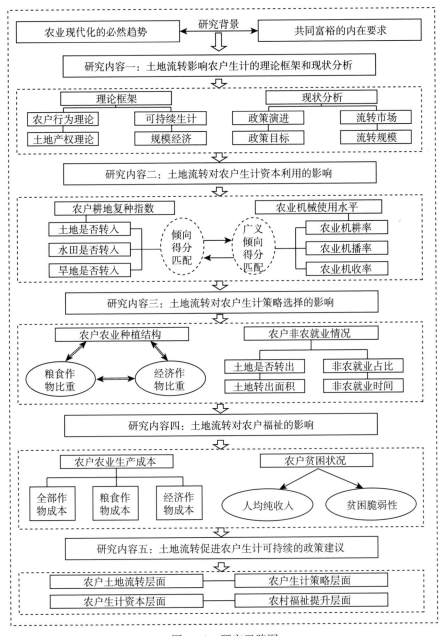

图1-1 研究思路图

第三节　研究方法与研究数据

一、研究方法

（一）文献研究法

文献整理和回顾是学术研究的开端，只有在总结和归纳前人研究的基础上才能把握研究的最新方向，为后续研究提供扎实的研究基础。本研究通过对国内外文献和相关资料的搜集和整理，厘清了农户、土地承包权、土地流转、可持续生计和农户福祉等相关概念，梳理目前国内外关于可持续生计的文献，归纳当前国内关于土地流转的研究动向，把握最新的可持续生计研究，从而为理论框架构建和后文分析奠定基础。

（二）比较研究法

比较研究法是一种常用的人文社科研究方法，比较研究法不仅具有操作简单的优点，还能比较清晰地反映不同特征或群体之间的差异，使研究更具说服力。比较研究法贯穿全文，考虑到不同类型土地的流转和不同土地流转方向的影响效应并不一致，本研究根据不同土地类型将土地流转分为水田流转和旱地流转，也根据土地流转方向将土地流转分为转出土地和转入土地，从而从多方位分析不同类型土地流转对农户可持续生计的影响。

（三）演绎推理法

演绎推理就是人们从一般性的前提出发，通过推导即"演绎"，得出具体陈述或者个别结论的过程。一般而言，演绎推理要求前提条件和结论之间存在着某种必然联系，能够帮助人们根据一般事物的规律推导出某个特殊事物的发展结果。这一研究方法主要运用在本研究的实证分析部分，在构建实证分析模型时，需要运用此法找出与被解释变量存在因果关系的控制变量；在解释实证结果时，需要运用此法解释变量之间的因果关系。

（四）定量研究法

本研究的大部分篇幅都采用了定量研究方法，例如，研究中较多的指标需要进行测度，农业机械化水平需要基于农业机收水平、农业机耕水平和农业机播水平计算得出，贫困脆弱性需要根据相应方法计算得出。在分析土地流转对农户可持续生计的影响时，主要采用计量模型进行估计；在分析土地是否流转对农户可持续生计的影响时，本研究采用倾向得分匹配法；在分析土地流转面积对农户可持续生计的影响时，本研究采用广义倾向得分匹配法。

二、研究数据

（一）微观层面数据

本研究使用的数据包括农户层面的微观数据和国家、省级层面的宏观数据。微观数据主要来自 2016 年和 2018 年在湖北省对农户的实地调研数据，2016 年选取英山县、蕲春县、沙市区、阳新县和老河口市 5 个县市区调研，涵盖了湖北省的东中西部。采用随机抽样方法，在每个县市区抽取 5 个乡镇，每个乡镇抽取 2 个村，每个村抽取 35 户农户，共调查 1 750 户农户，剔除无效样本 68 份，共获得有效样本 1 682 份。2018 年选取监利市和蕲春县 2 个县调研，调研区域类型包括平原、丘陵和山区。调查内容涵盖家庭人口基本信息、自然和物质资产、生产经营情况、土地流转行为和农户政策认知情况等。调查数据涉及 11 个镇 44 个村，每个村调查 26 名农户，共调查 1 144 户，剔除无效问卷 24 份，共获得有效样本 1 120 份。

（二）宏观层面数据

本研究除了使用农户实地调研数据以外，也会使用国家和省级层面的宏观数据来刻画农村土地流转的发展情况，包括全国农村土地流转面积、土地流转形式、流转服务平台、新型经营主体等方面。另外，在书中其他部分也会使用相关数据进行研究分析，例如农业产值、粮食产量等方面。所使用的数据库包括：《中国统计年鉴》《中国农业发展报告》《中国农业统计资料》《全国农村固定观察点调查数据汇编》《中国农业年鉴》。

第四节 研究不足与创新点

一、研究不足

（一）研究数据方面

本研究所使用的数据主要为对湖北省的农户调研数据，涉及湖北的 6 个县市区，调研区域类型包括平原、丘陵和山区，涵盖了湖北省的东中西部。然而，我国辽阔的土地面积就注定各地的土地流转情况并不一致。本研究所使用的土地流转数据最能代表湖北省的情况，虽然湖北地处我国的中部地区，且同时兼具平原、丘陵和山区等地形，但依旧难以用一个省份的调研数据反映全国土地流转的特征。因此，本研究拟通过研究揭示土地流转与农户生计可持续的关系，但研究结论的普适性可能需要更多地区的数据加以验证。再者，农户土地流转可能会对农户可持续生计具有迟滞效应，受制于本研究数据的截面属性，难以运用面板模型分析土地流转的长期效应。

（二）变量选取方面

本研究研究分析土地流转对农户生计可持续的影响时，主要从土地是否流转、土地流转面积两个方面设置关键变量，同时也根据耕地特点将其细分为水田和旱地，此类设置关键变量的方法基本满足本研究所需。但是，农村土地流转对农户可持续生计的影响，不仅限于从土地是否流转和流转面积两方面进行作用，土地的流转模式也会对农户可持续生计产生影响，例如，转包、转让、互换、出租、股份合作等形式的土地流转的影响效应理应有所不同；另外，农村土地的租期、租金和承租方等都会对农户可持续生计产生影响。然而，受制于研究数据，本调研数据未涉及此类问题，也就难以从这些方面进一步展开分析，后期研究可以在此方面进行拓展。

（三）研究内容方面

本研究的核心问题在于揭示土地流转对农户可持续生计的影响。目前有众多学者对农户可持续生计问题进行了大量研究，衡量农户可持续生计的方法和维度也较多。农户生计可持续不仅体现在农户的生计结果（即农户福祉）方面，更多地体现在农户的生计能力方面，即农户如何最大化利用自身生计资本，选择最佳的生计策略，从而来提高农户自身的生计可持续性。基于此，本研究主要分析土地流转对农户生计资本、生计策略和福祉的影响，但在其具体的维度选取上有所取舍，例如，农户的生计资本一般包括物资资本、自然资本、金融资本、人力资本和社会资本五个维度，为了突出农户最重要的生计资本，本研究重点分析了土地流转对农户农业机械使用和劳动力配置的影响，对于其他方面的探讨较少。

二、创新点

（一）研究视角创新

党的十九届六中全会提出，要推动高质量发展，促进共同富裕。目前共同富裕的难点和堵点就是农民的收入太低，城乡收入差距相对较大，如何促进农户收入提高和缩小城乡收入差距是实现共同富裕的前提条件。本研究将共同富裕作为研究视角来探讨农户生计可持续问题，这一视角既满足本研究所需要的理论支撑，也是紧跟国家重大发展战略，使得本研究更具有现实意义。再者，本研究在土地流转变量设置上也有一定创新，以往研究大多只是探究土地是否流转和流转面积对农户经济行为的影响，但较少考虑土地的异质性问题，即不同类型土地流转的效应会有所不同，基于此，本研究对土地类型进行了细分，分别探讨水田和旱地流转对农户可持续生计的影响。

（二）研究方法新颖

目前有不少文献分析农村土地流转对农户生产、生活和经济行为的影响，主要是依据土地是否流转与土地流转面积两方面进行分析。当关键变量为土地是否流转时，可以采用传统的 Probit 和 Logit 模型进行分析，为了保证模型估计的稳健性和可信性，一般会采用广义倾向得分匹配法进行估计，能较好地解决模型中可能存在的样本自选择等问题。然而，当关键变量为土地流转面积时，由于倾向得分匹配法只能估计关键变量为二元变量时的处理效应，不能估计关键变量为连续型变量的处理效应，部分学者则采用多元线性模型或者工具变量法进行估计，此类方法可能难以完全消除模型中的干扰因素，造成估计结果的失真。本研究则采用了目前较为前沿的广义倾向得分匹配法进行估计，此模型能较好地估计关键变量为连续型变量时的处理效应。

文献综述与理论分析框架

本章在梳理相关文献和研究理论的基础上，按照"土地流转—生计资本利用—生计策略选择—农户福祉（生计结果）提升"的逻辑主线，构建了土地流转影响农户可持续生计的理论分析框架。本章在理论层面上分析了土地流转对农户生计资本的影响机理，以及土地流转对农户生计策略和福祉的影响机理，揭示了土地流转能够优化农户土地利用方式和增加农业机械使用，进而影响农户的种植结构和劳动力配置情况，并作用于农户福祉。基于本章所构建的理论框架，第四、五、六章运用数据实证检验土地流转对农户生计资本利用、农户生计策略选择、农户福祉的影响。

第一节 国内外文献综述

一、关于土地流转的研究

现有关于土地流转的研究，主要从两个角度展开：一是影响土地流转的因素，二是影响土地流转价格的因素。

（一）土地流转的影响因素

目前关于土地流转影响因素的研究较多，主要可以分为以下几个方面：

一是村庄特征因素方面：刘琴（2018）发现村庄与城镇的距离对土地流转意愿有负面影响。王琪和王永生等（2021）发现合作社运营状态、特色产业数量以及到县级干道距离是影响盐池县土地流转的主因。Zhang 和 Wang 等（2019）、王震和辛贤（2022）发现村庄道路会促进农户跨村流转土地，地形条件较好的村庄更易进行跨村土地流转。刘涛和卓云霞等（2021）发现经济发达村庄的土地流转比较活跃，确权颁证通常能促进农地流转。阳利永和吴利等（2021）发现经济地域分异、区位地域分异和经济分化程度都会对农户土地流转产生显著影响。

二是家庭特征因素方面：李军和聂建亮（2019）、Wang 和 Luo 等（2021）发现农村老人对农地养老功能的依赖是决定转出土地的主因，但随着农村老人年龄的增长，其转出土地的意愿也会不断增加。Deng 和 Xu 等（2019）、王倩和管睿等（2019）发现风险规避态度对农户转入决策及转入规模有显著负向影响，风险感知在其中起到中介作用。林善浪和叶炜等（2018）发现不同家庭生命周期阶段对于农户土地的转入和转出意愿并不相同。Sun 和 Zhou（2019）、许连君（2020）发现农户的性别、年龄、就业和年收入都会对土地流转意愿产生影响。牛星和王超等（2020）发现农户及家庭特征对土地流转满意度的影响较小，土地流转特征对土地流转满意度的影响也不大，土地流转风险感知对土地流转满意度的影响最强。Yan 和 Bauer 等（2014）、张艺和王耀（2021）发现家庭劳动力数量、受教育年限、养老保险和社会资本等会影响农户的土地流转意愿。

三是预期收入因素方面：兰勇和蒋黾等（2020）发现土地流转预期收益、上一轮土地流转满意度都能促进农户土地流转续约意愿的形成，当农户感知到身边人对续约的态度越支持时，其土地流转续约意愿越易形成。张美艳和张耀启等（2020）发现草原边际产出差距越大，牧户越愿意参与土地流转，且草原证会促进土地流转，草原纠纷会不利于土地流转。王欢和杨海娟（2018）发现非农收入与务农劳动力是影响土地流转的主要因素。Zhang 和 Dai 等（2016）、庄龙玉（2020）发现农户非农化是影响土地流转的关键因素。Cao 和 Zhang（2018）、杜鑫和李丁（2022）发现非农就业收入、土地流转租金与农户要素禀赋对农户土地流转决策具有显著影响，且劳动力转移也与土地转出存在显著的正相关性。

四是宏观政策因素方面：杨青和彭超等（2022）发现农业"三项补贴"改革对农户土地转入不存在显著影响，但会提高规模农户的土地转入规模。公茂刚和张梅娇（2021）发现土地确权能促进土地流转。Xu 和 Zhao 等（2017）、关江华和张安录（2020）发现除了农地确权外，影响农户参与土地流转的因素有家庭纯收入、医疗保险、社会保障、就业难度、自身健康水平和对流转价格的满意度。梁超和贺娟等（2022）发现农业保险能满足规模经营农户的风险保障需求，但对土地流入和规模扩大的作用有限。

另外，还有一些学者从耕地特征层面进行了探讨。聂江美和杨璇（2018）发现耕地细碎化、耕地质量和流转方式会对纯农户农地转出规模有正向影响，农保参与、流转价格对兼业户农地转出规模有正向影响。张亚丽和白云丽等（2019）、Lyu和Chen（2019）发现耕地质量与土地流转密切相关，面积大、坡度平缓、灌溉条件好的土地更容易进入土地流转市场，而面积小和通勤距离远的土地被转出概率较低。Luo和Zhang等（2019）、户艳领和李丽红（2022）发现土地承包面积、土地归属权、村庄地形、土地租金是影响土地流转的重要因素。

（二）土地流转价格的影响因素

关于土地流转价格也有不少学者进行了研究。有学者认为农地流转后如果变更了经营项目，则要充分考虑新经营者在更换经营项目时的资本投入，流转价格也要作相应修正（刘盛和郭明顺等，2011）。杨国力和孔荣等（2014）通过对陕西省农户的调查研究得出，土地承包经营权流转意愿价格是实际流转价格的8.2倍，土地流转价格严重偏离了农户意愿。这主要是因为现有农地流转价格是基于农地本身的价值进行估算，在农地流转的定价过程中要考虑交易双方的利益（Awasthi，2014；张本照和丁元欣等，2016）。由于所流转的土地区位条件、所种植的农作物以及签订的流转期限不同，可以先将土地进行分类，然后再因地制宜地建立更切合实际的定价机制（伍振军和孔祥智等，2011）。另外，需要注意目前的土地流转大部分是自发行为或是行政推动的行为，农户在土地流转价格的确定上处于弱势地位或简单依照政府定价，且大多数土地流转价格并不能体现其实际价值（吴冠岑和牛星等，2013）。自然环境、农产品价格、工商企业的农地偏好以及农地经营的机会成本都是估算农村土地流转价格的重要考量因素（宫斌斌和郭庆海，2019；Callesen和Lundhede等，2022）。

有学者对土地流转价格的影响因素做了探究。蒲丽娟（2020）发现农户信任程度会影响土地流转价格，而粮食价格对土地流转租金存在一定的滞后影响，当土地流转双方为亲属关系时，粮食价格对土地租金的影响在土地转入户中降低，粮食价格波动使土地流转双方收益分配不利于土地转入户（王倩和党红敏等，2021）。也有学者从土地产权视角进行了分析，Bashaasha和Kasozi（2008）、冯华超和刘凡（2018）认为土地的产权强度会影响土地的流转价格。Lundberg和Jonson等（2015）、徐羽和李秀彬等（2021）发现土地质量、土地规模化、土地区位和土地产权会对土地租金有显著影响。薛春璐和裴志远等（2021）发现流转地块空间位置与流转土地价格紧密相关。杨震宇和张日新（2020）发现农地供给、农地需求及经济发展对土地地租也存在影响。还有不少学者从政策层面对土地流转价格的影响因素进行了分析，蔡颖萍和杜志雄（2020）发现玉米临时收储政策调整对玉米土地流转租金有显著负向作用。宫斌斌和郭庆海（2021）发现玉米"价补分离"政策是农村土地地租波动的关键因素，其中生产者引导价格对地租有正向影响，且补贴归属经营者的土地地租会显著高于补贴归属承包者。杨青和彭超等（2022）发现农业"三项补贴"改革显著提高了土地转入价格，对规模农户土地转入价格的提升幅度尤为明显。

二、关于农户可持续生计的研究

（一）可持续生计的起源

"生计"这一概念最先在国外被使用，而后被运用到中国农村发展问题研究中，通常是指一种生活方式或状态，为了生存和发展而选择的结果（苏芳和徐中民等，2010）。较多学者对生计概念进行探讨，Eillis（2000）认为"生计"是个人所需的生活资料，应该包括自然资本、社会资本、金融资本、人力资本和物质资本，以及获得这些资产所应具备的权利。Osman（2005）通过研究社区恢复力发现，"生计"是人们谋生的方法、获得的资产和权利。Scoones（1998）通过研究生计可持续性发现，"生计"是由人们谋生所需的能力、资产和行动等要素组成。Chambers和Conway（1992）认为"生计"是一种建立在行动能力、生计资产和活动等基础之上的谋生方式。因此，目前学者对"生计"的定义基本上都包括了能力、资产和活动等方面。随后，"生计"概念也逐渐被众多学者、非政府组织和政府部门所运用，英国国际发展署（DFID）也将其运用到贫困问题研究中。"可持续生计"最早于1987年被世界环境和发展委员会作为一种减贫方式在报告中提出,之后,也被广泛运用到研究贫困、可持续发展、生态系统平衡等方面。1992年,联合国环境和发展大会将"可持续生计"概念引入行动议程,提出要将稳定的生计作为减贫的主要目标。1995年,哥本哈根社会发展世界峰会和北京第四次世界妇女大会进一步说明了构建可持续生计对减贫具有重要意义(Solesbury,2003)。1998年,英国国际发展署就可持续生计问题进行磋商,并建立了"农村生计咨询团",随后提出了包括概念、分析框架和原则的可持续生计途径,同时在发展中国家进行了大量的可持续生计实践活动。

除了上述关于"可持续生计"的定义外,不少学者也对其提出了自己的理解。有学者认为"可持续生计"是一个运营目标,其使命就是提升生计的可持续性;也有学者将可持续生计应用于一系列的场景,如 Allison 和 Horemans(2006)将可持续生计的原则转化为渔业发展政策和实践;还有学者将其视为可持续生计项目/计划,如 Sinha 和 Roy(2013)对于萨加尔岛的渔业可持续生计计划的研究。除此之外,很多国际组织也利用可持续框架和可持续发展理念来提升农户生计,例如,非政府组织(NGO)、美国援外合作署(CARE)和乐施会(Oxfam)等。总的来说,可持续生计就是农户能够最大化效用地利用自身资本,选择出符合自身实际发展的最优生计策略,并不断提高农户生计的可持续性。在可持续分析框架下,人们对生计资本划分的种类较多。例如,Chambers 和 Conway(1992)根据物质的形态将生计资本划分为有形资本和无形资本;Scoones(1998)将生计资本划分为人力资本、自然资本、经济资本和社会资本;英国国际发展署将生计资本划分为人力资本、自然资本、金融资本、物质资本和社会资本,此类划分方法也被广大学者所接受和运用。

(二)可持续生计的影响因素

可持续生计受到了学者们的广泛关注。苏芳和尚海洋(2012)发现人力资本和金融资本是影响农户风险应对策略最显著的因素,可以通过增加金融资本、提升人力资本等措施,增强农户的抗风险能力和生计可持续能力。苏冰涛和李松柏(2013)认为需要重点强化政府行政行为,充分发挥文化软实力作用，改变传统社会保障模式，推动系统性机制与制度构建，实现生计可持续发展。Liang 和 Li 等（2012）、杜本峰和李碧清（2014）发现子女结构形态影响着农村计生家庭的发展能力，农村家庭生计资本在哺育、生产、负担时期处于劣势，导致发展能力不足。田素妍和陈嘉烨（2014）、Yu 和 Wu 等（2021）认为要想提高农户在气候变化下的生计可持续能力，需要加强专用型资本、金融资本和社会资本的补贴，提高农户受教育水平以及实施税收减免等政策。张钦和赵雪雁等（2016）、Liu 和 Shi 等（2022）发现制定有效的气候变化适应政策，增强农户的气候变化适应能力，对减轻农村贫困人口生计脆弱性具有重要意义。宁泽逵（2017）发现家庭信息化能够推动物质资本、金融资本、社会资本的改善，而农村社区信息化对自然资本、物质资本有显著的正向影响，从而促进农户可持续生计。胡江霞和文传浩等（2018）发现生计资本的不同维度对民族地区不同类型农村移民可持续生计水平的影响存在差异。康晓虹和史俊宏等（2018）认为可以通过调整区域间禁牧补助标准，提高禁牧补助额度，延长禁牧补助年限，提升牧民文化水平，推动牧户开展多种经营，从而提高牧民的可持续生计能力。Mbiba 和 Collinson 等（2019）发现农村居民生计对自然资源依赖程度高，林地面积、耕地面积、家庭饲养是农村居民可持续生计水平的主要影响因素。李云新和吕明煜（2019）认为资本下乡有利于促进农户可持续生计模式的构建。Kim 和 Xie 等（2019）发现生态旅游开发改善了农村的基础设施，增加了农户生计策略选择的多样性，降低了生计脆弱性风险，从而增强了农户生计可持续性。Xu 和 Deng 等（2019）、周丽和黎红梅等（2020）发现增加搬迁农户的自然资本、金融资本、人力资本和社会资本，有利于搬迁农户的生计策略选择由农业主导型向务工主导型转变，并提高其生计可持续性。孙晗霖和刘芮伶（2020）发现家庭特征、劳动力构成、外部环境和产业发展均会显著影响精准脱贫户的生计多样化和生计可持续能力。Roskruge 和 Grimes 等（2012）发现公共服务水平、基础设施水平、产业发展水平和自然条件的提升有助于脱贫家庭生计资本的提高，降低风险脆弱性，从而保障脱贫后生计的可持续性。赵朋飞和王宏健（2020）发现示范效应、社会网络会影响贫困地区家庭创业行为，进而影响其生计可持续性。全千红和沈苏彦（2020）发

17

现影响农户旅游生计可持续性的关键在于农户和社区生计资本、制度转变和农户心理等因素。Berchoux 和 Watmough 等（2020）、杨琨和刘鹏飞（2020）发现人力资本、物质资本、金融资本以及社会资本的增加对生计可持续性的改善具有不同程度的影响。伍继强和王秀兰（2020）发现农地整治的实施会在一定程度上促进农户生计策略由传统农业向现代农业转变，从而提高农户的生计可持续性。关士琪和董芮彤等（2021）发现草原生态补奖政策对牧民的超载行为具有显著的抑制作用，且能提高其生计可持续性。Wang 和 Shi 等（2017）、杨杨和李金荣等（2022）发现生计资本和生态补偿对农户可持续生计存在显著影响，生态补偿是影响退捕渔民可持续生计的主要因素。王翠翠和夏春萍等（2022）发现农业电商、亲戚中有无村干部、公共服务、政府支持和产业基础在农业电商扶贫中对农户的可持续生计具有显著影响。Wallace（2007）、季天妮和周忠发等（2022）认为提高搬迁农户收入水平和学习能力、完善社会保障可帮助搬迁农户实现生计可持续发展。周升强和赵凯（2022）发现生计策略的非农牧化、自然资本与金融资本的提高对农牧民生计稳定性有显著的促进作用。

三、关于土地流转与农户生计的研究

（一）关于土地流转与耕地复种的研究

耕地复种指数兼具自然和社会双重属性，本质上揭示了"人类—自然"的复合关系，此关系既受到气候、温度和高程等自然资源环境的影响，也受到品种、技术和经营管理等人类活动的影响（吴文斌和余强毅等，2018）。目前有关复种指数影响因素的研究主要集中在以下方面：

一是资源要素层面：康清林和李春蕾等（2017）、Liu 和 Liu 等（2021）认为积温波动是导致复种指数偏低的主因。李阔和许吟隆（2017）、Zhang 和 He 等（2019）发现气候异常变化会降低耕地复种指数。刘巽浩（2001）认为合理选择作物搭配和把握生产季节能提高耕地复种指数。张闯娟和何洪鸣（2020）发现地理区位对耕地复种指数的影响较大。二是家庭禀赋层面：谢花林和刘曲等（2015）发现人口非农化会降低耕地复种程度。朱启臻和杨汇泉（2011）认为农业劳动者女性化会导致复种指数下降。李庆和韩菡等

(2019)、Yang和Luo等（2021）发现老龄化会提高经济作物的复种指数。张闯娟和何洪鸣（2020）发现家庭人口规模对耕地复种指数有促进作用。三是国家政策层面：农业补贴等政策会提高耕地的复种指数（张倩和许泉等，2016），而农业生产结构被迫调整和保护性耕作政策（包括免耕、休耕、轮作等）会降低耕地复种程度（徐昔保和杨桂山，2013）。谢花林和刘桂英（2015）发现产业非农化会提升耕地复种指数。梁守真和马万栋等（2012）认为城镇化虽然挤占了耕地，但在一定程度上也会刺激耕地复种指数的提高。四是农业市场层面：耕地产出的经济效益会直接影响农户的耕地复种行为（李琳凤和李孟刚，2012），而土地市场的发育程度和农业机械社会化服务也会对耕地复种指数产生影响（杨红梅和刘卫东，2021；彭继权和吴海涛等，2019）。

（二）关于土地流转与农业机械使用的研究

现代农业是高效农业，农机是提高农业生产效率的重要手段，只有土地规模经营和集约耕作，才有可能实行大规模机械化作业（邓宏图和崔宝敏，2007）。所以，土地的适度规模经营是实现农业机械化的必要条件。中国的家庭联产承包责任制有效调动了农民生产的积极性，提高了农业生产效率（林毅夫，2002；刘禹宏和曹妍，2020），但也导致了农地细碎化的问题（许庆和田士超等，2008；余晓洋和郭庆海，2019），限制了大规模机械化作业的可能（何秀荣，2009）。马晓河和崔红志（2002）、Terry（2003）发现土地流转是解决农地细碎化、实现规模经营的有效途径。由此，有一派观点认为，要想推进中国农业机械化进程，需要把现有分散的农地集中起来经营（侯方安，2008；曹光乔和张宗毅，2008；徐世艳和李仕宝，2009；蔡键和邵爽等，2016）。与以上观点相反，有学者认为土地流转并不能扩大农户对农业技术的需求（姚监复，2000；孔祥智和方松海等，2004），这是因为农业机械的可租赁性可能使众多小农户分担高额的农机购置成本（蔡键和刘文勇，2017，钱龙和高强等，2021），农户的细碎化土地并没有影响农业机械化的发展。因为"农机跨区作业服务"可以把千万户小规模农户集中变成一个大农场，同样能够实现现代化的大规模生产（胡新艳和杨晓莹等2016；Hu和Xiao等，2019；宦梅丽和侯云先等，2022）。

（三）关于土地流转与农业种植结构的研究

土地流转与农业种植结构的研究较为丰富。大多学者认为土地流转会减小粮食种植面积。江永红和戚名侠（2017）发现土地流转会减少粮食种植，促进经济作物生产，造成农产品生产结构失衡。张藕香和姜长云（2016）、Leng 和 Wang 等（2021）发现转入农地对不同地区农户"非粮化"的影响不一致。陈靖（2021）发现大规模经营农户的种植结构偏向"非粮化"，且容易"挤出"真正种植粮食的小规模经营户。姜松和王钊（2017）发现土地流入会扩大玉米和小麦种植、减少水稻种植，总体上减少粮食种植面积。王善高和雷昊（2019）发现土地流转费用上涨会促进农地"非粮化"，同时减少普通粮食作物种植而增加优质粮食作物种植。因此，由土地流转产生的"非粮化"问题会严重阻碍国家粮食安全战略实施（匡远配和刘洋，2018）。从土地流转导致农地"非粮化"的作用机制来看，张茜和屈鑫涛等（2014）认为家庭农场种植结构"非粮化"的主要原因是粮食经营比较效益较低。蔡瑞林和陈万明等（2015）运用成本收益分析法发现土地流转成本过高是抑制耕地"趋粮化"的原因之一。宋戈和武晋伊（2016）认为土地"非粮化"问题在客观上源于种植粮食与"非粮"收入的"新剪刀差"，也是土地流出方与流入方博弈的结果。张华泉和王淳（2020）认为粮食补贴与"非粮化"收益的差异和地方政府进行土地用途管制获取的报酬共同决定了农户种植作物的选择。

也有部分学者发现土地流转并不一定会造成农地"非粮化"。钱龙和袁航等（2018）发现农地转入会提升农户粮食种植比例，但只会提高水稻种植比例，不会影响小麦和玉米的种植比例。罗必良和仇童伟（2018）发现农业劳动力非农转移和农地流转有助于种植结构的"趋粮化"。孙晓燕和苏昕（2021）发现土地托管服务为兼业农户提供了更多务工时间，"种粮＋务工"收益会帮助农户雇人继续种粮。檀竹平和洪炜杰等（2019）发现农业劳动力转移的空间距离越远，家庭务工收入比例提高和农业生产性服务外包都能使农户种粮行为增多。周静和曾福生（2019）发现适度规模经营补贴政策能在一定程度上稳定稻作大户的种粮生产，使得他们不轻易改种其他经济作物。还有一派观点认为土地流转面积与农业种植结构并非完全为线性关系，而是倒 U 形关系（Peng 和 Li 等，2021），即较小土地流转规模会导致"非粮化"比例较高，中等土地经营规模会导致"非粮化"比例显著下降，较大土地经营规模会导致较高粮食作物种植比例（张宗毅和杜志雄，2015）。罗必良和江雪萍等（2018）发现小规模农地转入户的种植结构更倾向于"非粮化"。李德洗（2021）认为非农就业对不同土地规模经营农户种粮行为的影响会有差异，本地非农就业会降低小规模农户的种粮比例，外出务工会扩大其种粮比例；本地非农就业会提高较大规模农户的小麦、玉米种植比例和粮食亩*均产出水平，外出务工会降低其种粮比例。

（四）关于土地流转与非农就业的研究

土地和劳动力是农户重要的生产要素，众多学者就两者的关系进了大量的探讨，但更多学者侧重于分析非农就业对土地流转的影响（Xu 和 Yong 等，2020；王玉斌和赵培芳，2021；许彩华和党红敏等，2022），只有少部分学者分析土地流转对农户非农就业的影响（万晶晶和钟涨宝，2020；黎翠梅和李静苇，2020；Li 和 Sun，2022），且主要从土地制度演变和流转市场发育的角度进行分析（张苇锟和何一鸣等，2020；雷丽芳和许佳贤等，2021）。农村劳动力非农就业与农村土地制度息息相关，土地承包经营权调整会降低农户对地权稳定性的预期，使农户放松对土地使用权的占有，转而将更多的劳动力投入在非农生产领域（田传浩和贾生华，2004）。有不少学者发现土地确权能增加纯务农型农户对土地产权稳定性的预期，消除对土地流转后的顾虑（韩家彬和刘淑云等，2019），且土地规模效应会带来农业生产效率的提升（王晓兵和侯麟科等，2011；Jiang 和 Li 等，2019；黄宇虹和樊纲治，2020），从而促进农村劳动力外出就业（许庆和刘进等，2017）。

但也有学者发现土地确权能增强农户对土地的处置权，通过重新配置农业生产要素提高农业生产比较优势（仇童伟和罗必良，2018），导致农户农业收入预期和农业生产积极性的提高，从而增加对土地的投资（洪炜杰和胡新艳，2019），间接提高了非农就业的机会成本，从而抑制了土地流转和非

＊ 1 亩＝1/15 公顷。——编者注

农就业的意愿（黄季焜和冀县卿，2012）。再者，考虑到土地的社会保障功能，农户也不会轻易转出土地而外出从事非农就业（陈会广和刘忠原等，2012）。也有研究表明，土地确权会促进土地流转市场的发育（徐志刚和崔美龄，2021），成熟的土地市场发育与稳定的市场租赁契约会提升土地使用权的流动性（Deininger 和 Jin 等，2008；田传浩和李明坤，2014），促进农村劳动力的非农就业（郑冰岛和朱汉斌，2019）。但也有学者认为活跃的土地租赁市场会提高农地规模程度和经营收益，农户未必会放弃农业生产而去从事非农就业（Kung，2001），且高昂的土地流转成本也会抑制农户从事非农就业（张苇锟和杨明婉，2020）。

目前有大量研究基本证实了非农就业会促进土地流转（王丽媛和韩媛媛，2020），且土地细碎化强化了非农劳动供给对农地流出的作用（Xie 和 Lu，2017），参加新农合养老保险或者商业养老保险也会对土地流转起到促进作用（张璋和周海川，2017），不过也有学者认为代际分工式半工半耕模式和代际接力式市民化模式的农户非农就业结构会抑制土地流转（苗海民和朱俊峰，2021）。近年来，开始有学者直接分析土地流转对非农就业的影响，所得出的结论基本表明土地流转会促进农户从事非农就业（Yin 和 Liu 等，2014；张永丽和梁顺强，2018），且非农就业还会受到经营规模和机械化程度的影响（孟令国和余水燕，2014；张建和杨子等，2020；张苇锟和杨明婉，2020），而耕地、林地、牧地和宅基地流转的劳动力转移效应有明显差异（余戎和王雅鹏，2020）。

（五）关于土地流转与农业成本收益的研究

如何降低农业生产成本一直都是"三农"研究的重要话题。种子、化肥、机械作业、土地和劳动等成本增加是农业生产成本上升的主要推动力量（马晓河，2019），工商资本下乡也能造成农业生产成本急剧上升（王彩霞，2021）。事实上，农业生产成本在很大程度上会取决于农业公共投资水平，在农业公共投资中农业基础设施最为重要。完善的农业基础设施能够提高生产要素的使用率，优化生产要素的投入结构，同时也能有效防范农业生产中的自然风险（朱晶和晋乐，2017）。曾福生和李飞（2015）发现农业基础设施增加能降低农业生产的平均成本，其中改善电力、道路和农田水土条件等基础设施建设的效果最为明显（朱晶和晋乐，2016）。也有部分学者从农业机械使用角度探究农业生产成本问题，随着农村劳动力老龄化程度的提高，农业生产成本效率会由此降低（Lu 和 Xie，2018；刘婷，2019），而农业机械的要素替代作用会对生产成本效率有正向影响（虞松波和刘婷等，2019），不仅自有机械会有此效应，非自有的农机外包服务也能弥补老龄化导致的劳动力不足（刘静和李容，2019）。付秀彬（2021）也发现农业机械化能有效提高农业劳动生产率和抑制农产品成本上升，在耕种和收获环节节约成本的幅度最大。

更多学者从土地细碎化和土地规模经营角度探究农业生产成本问题。分散地块会因穿行不同地块而增加农业工作时间，地块的边界和田埂造成土地浪费，运输中的泄漏和蒸发造成资源浪费，同时不利于农业机械使用和农田基础设施建设（Manjunatha 和 Anik 等，2013），耕地细碎会显著提高劳动力、化肥和种子成本，并限制农业机械及其他要素的使用（王亚辉和李秀彬，2019）。土地细碎化会增加农户进入市场的交易成本（谭淑豪，2011），不利于集体投资灌溉过程中的协商，增加农户获取生产的信息成本，加剧农户生产决策困难（连雪君，2014；翟绪军和王润荻，2021），从而导致生产成本增加和生产效率降低（杨慧莲和李艳，2019；赵军洁和周海川，2020）。随着土地细碎化会增加农业生产成本的观点被逐渐证实，不少学者尝试分析土地规模经营对农业生产成本的效应（Qiu 和 Shi 等，2021；何一鸣和张莘锟，2021）。土地规模经营主要通过活劳动消耗、流动资本消耗和固定资本消耗来影响农业生产成本（徐征和刘媛等，2020）。土地规模扩大后会增加农业用工人数，为保证雇工劳动者与家庭内部劳动者效率的一致，会产生额外的劳动监管成本，这势必增加农业总生产成本（蔡秀玲，2003）。然而，流动资本的可分性却不会导致土地规模扩大后农业生产成本的增加，但固定资本的不可分性会影响农业生产成本，不可分割性要素（如耕牛、农机等）只有在时间和空间上得到充分有效利用，单位产量所分摊的农业生产成本才会降低，进而促进农业生产成本的降低（许庆和章辉，2021；顾天竹和纪月清，2017）。另外，唐轲和王建英（2017）发现农户耕地经营规模对农业生产成本有负向影响，但规模经营的生产成本优势随着时间推移会逐渐降低。张晓恒和周应恒等（2017）发现生产成本与种植规模呈现 U 形关系，即规模扩大会降低农业生产成本，当规模超过一定值后农业生产成本又会上升。

（六）土地流转农户贫困脆弱性研究

已有学者就土地流转与农村贫困的关系进行了深入探讨。Zhang 和 Wan（2009）发现土地流转通过保障低收入群体的租金收入和缩小异质性农户的非农收入差距来缓解农户间的收入不均等。Jin 和 Deininger（2009）、匡远配和周丽（2018）发现土地流转能够促进农民职业多元化，增加农户收入并减贫。Kimura 和 Otsuka 等（2018）、何春和刘荣增（2021）基于土地租赁交易决定因素的理论模型，发现土地流转不仅有利于降低农业成本，更能促进农民转移到非农业部门，增加农民非农收入，提升农民整体福利。Gottlieb 和 Grobovšek（2015）则通过对比埃塞俄比亚取消土地流转政策前后农业以及非农业生产率，发现取消土地流转政策会导致农业和非农业生产率大幅下降，加重贫困发生。诸培新和张建等（2015）、钱忠好和王兴稳（2016）发现土地流转有利于转出户经营性收入、工资性收入和转移性收入的增加，从而有利于转出户家庭总收入的增加。赵春雨（2017）、刘光英和王钊（2021）发现，通过土地流转入股，将扶贫资金和村集体资产评估作为集体资本入股，重构新农村合作社集体经济组织，能够产生"内生性"扶贫效应。夏玉莲和匡远配（2017）、蔡洁（2018）对土地流转的多维减贫效应进行分析，发现土地流转推动农村劳动力转移到其他产业，进而缓解能力贫困。宁静和殷浩栋等（2018）、彭继权和吴海涛（2019）发现土地确权可以促进土地转出，提高贫困户财产性收入，并通过劳动力转移提高工资收入水平，进而缓解贫困。

还有学者从宏观和微观两个方面进行探索。匡远配和周丽（2018）基于县域宏观视角，将湖南省 44 个贫困县的贫困发生率作为因变量，探究土地流转的减贫效应。蔡洁和夏显力（2018）从微观农户视角进行研究，发现土地流转能够促进农户收入增加，但土地流转并不是造成农户收入差距扩大的主要因素。彭继权和吴海涛（2019）从农户贫困脆弱性的视角进行研究，通过测算农户贫困脆弱性，发现土地转出能够显著降低农户未来的贫困风险，且转出面积越大，降低效果越好。夏玉莲和匡远配（2017）、张亚洲和杨俊孝（2021）基于农户可行能力理论，从收入效应和能力效应两个方面解析了土地流转的减贫机理，并利用 25 个贫困村农户的跟踪数据进行了实证检验，结果表明土地流转能够通过促进规模化经营和劳动力转移就业，改善农户的能力贫困状况，同时具有较强的增收效应。

四、文献述评

以上研究深入讨论了土地流转与农户生产、生计和福祉的关系，但或多或少都存在有待改进之处。在土地流转与种植结构方面，大多数研究重点关注土地流转对不同类型主粮种植的影响，而农业种植结构与流转地块类型应该存在紧密联系，但鲜有研究从土地流转细分类型的视角考察不同类型土地流转对农业种植结构的影响；在土地流转与农户成本收益方面，以往学者更多是从存量角度研究土地面积对农业生产成本的影响，而土地流转是从增量角度研究土地面积对农业生产成本的影响，增量变化研究可能对政策制定更具现实参考；在土地流转与农户贫困脆弱性方面，以往研究较少考虑模型中样本选择偏误问题，而农户是否进行土地流转较大可能是自我选择的结果，需要选择合适计量模型加以解决。由此可见，尽管目前有不少研究关注土地流转对农户可持续生计的影响，但分析的深度有待加强。因此，本研究拟采用更加科学的计量方法，细致探究土地流转对农户可持续生计的影响，以期为规范土地流转和促进农户生计可持续发展提供有益参考。

第二节　相关概念与理论基础

一、相关概念

（一）农户

农户通常是指生活在农村，以血缘关系为纽带，依靠农村家庭劳动力从事农业生产经营活动，对所生产的剩余农产品拥有剩余控制权，包含集经济生活和家庭关系于一体的多功能社会经济组织单位（韩明谟，2001；卜范达，2003）。农户还可以从多个角度对其进行定义，从职业角度来看，农户的经济活动不同于工业、服务业，主要以在农村从事农业生产为主；从地理位置角度来看，农户是指特定的生活和生产在农村而不是在城镇的群体；从社会地位和成员身份角度来看，由于传统的二元经济和户籍制度，农户的社会地位相对较低，其社会福利待遇要远远落后于城镇居民。随着城镇化和工业化的发展，农户在职业、居住地、社会地位等方面逐步发生变化，例如，农户的职业由以往单一的纯务农正在转变为以农业为辅、非农为主的兼业经营模式，甚至有部分农户完全脱离农业生产而从事非农生产经营活动；由于工作地点和职业的变化，农户的居住地点也不只是农村，开始转向城镇。本研究所指的农户是拥有农村户籍并从集体获得农地承包经营权的家庭，包含拥有农村户籍、从村集体分配到承包地并从事农业生产的务农家庭，以及拥有农村户籍、从村集体承包农地但未从事农业生产的非农生产经营家庭。

（二）土地承包权

实施"三权"分置是继家庭联产承包责任制之后农村改革又一重大制度创新，土地承包权为"三权"之一。土地承包权是农村集体成员享有依法有资格承包农村土地的权利，并对承包地块享有占有、使用和收益等权利，且农户的特定成员资格是取得土地承包经营权的前提。但需要注意土地承包权和土地承包经营权的区别，把农村土地"三权"分置政策中的土地承包权理解为土地承包经营权的权源，是对政策中土地承包权的误解。2018年底修正的《农村土地承包法》第九条规定：承包方承包土地后，享有土地承包经营权，可以自己经营，也可以保留土地承包权，流转其承包地的土地经营权，由他人经营。这说明土地承包经营权和土地承包经营权并无先后分别，土地承包权只不过是农户在流转土地经营权后自己所保留的一种权利。由此，农村土地"三权"分置中的土地承包权不能理解为取得土地承包经营权的前提条件，而是土地承包经营权人在流转土地经营权后对土地承包经营权的一种表达，其本质上仍是土地承包经营权。在这种情况下，可以将土地承包权等同于土地承包经营权。

（三）土地流转

土地流转需要在明确农地"三权"内涵的基础上进行定义，一般是指在坚持农村土地集体所有制和家庭承包责任制的基础上，拥有承包经营权的农户在不改变农业用途的前提下，按照自愿有偿的原则在承包剩余期限内依法将农地的经营权及其派生权利让渡给其他主体，并自身保留承包权的一种经济活动。流转主体是农地承包方，流转客体是农地经营权，流转受让方是从事农业生产经营的组织或者个人。农地流转的方式包括转包、出租、互换和转让等，转包是指将农地转给同一集体经济组织的成员；出租是将农地转给非同一集体经济组织的成员；互换是指同一集体经济组织成员在内部互相调整地块位置以实现连片经营；转让是指承包方将农地经营权转给其他农户，转让后原有的承包关系终止。除此之外，还有出让、转租、入股和抵押等流转方式，目前农村中主要以转包和出租最为常见，主要是承包户将农地经营权在一定期限内有偿地流转给其他经营主体，这里的"有偿"既可以是现金，也能是实物。另外，农地包括农用土地和农村建设用地，本研究的农地主要指农用土地。农用土地包括耕地、园地、林地、草地、养殖水面等，本研究的研究对象主要为村集体分配给农村家庭承包的耕地，不包括林地、宅基地、农村集体用地等类型的农村土地。书中交互使用农地、土地两个词汇，在本研究中两者的意思一致。再者，根据流转方向可以将土地分为转入土地和转出土地，因此，本研究所指的土地流转就是指耕地的转入和转出。

（四）可持续生计

"可持续生计"概念是在"生计"的基础上发展而来的，"生计"是指一种生活的手段和方式，为人们在一定的生活环境中生存和发展而选择的结果。Scoones（1998）也指出"生计"是由生活所需要的能力、资产以及行动组成。可持续生计最早被世界环境和发展委员会于1987年提出，之后常被运用于研究贫困、可持续和生计多样性等问题。Chambers 和 Conway（1992）在"生计"概念的基础上阐释了"可持续生计"的内涵，可以表示为包含了能力、资产以及相关行动的一种生计方式，能够应对压力和打击并从压力打击中恢复，保持甚至不断提升自身的发展能力和资产，同时也能为下一代提供可持续发展的机会，且这种生计方式对当地甚至全球水平都能起到良好的促进作用。随后，可持续生计的主要倡导者 Scoones 进一步完善其含义，没有强调可持续生计对下一代和全球生计水平的促进作用，更多地指出可持续生计是在不过度消耗自然资源基础上，能够保持甚至提升自身能力和资产的一种生计方式。英国国际发展计划署将可持续生计分析框架规定为脆弱性背景、生计资本、转换结构和过程、生计策略和生计结果，为了更加全面地衡量农户可持续生计状况，本研究选择从生计资本、生计策略和生计结果三个方面进行分析。

（五）农户福祉

人类福祉是指社会中人们在各个领域的需求得到满足的程度，这些领域包括身体、经济、社会、环境、情感和精神，以及个人对自己生活和社会运作方式的评估。福祉的演变包括两个方面。一是从单一学科延伸到多学科。伊斯特林悖论的提出使福祉问题成为经济学界关注的重点，之后逐渐与心理学、政治学和社会学等学科交叉，研究范围也拓展到个体、家庭和社会等多领域。二是从单一测度扩展到综合测度。早期受经济发展观的影响，主要采用 GDP 或收入度量福祉，随着对生活质量要求的提高，其测度范围扩展到社会和环境等多方面，并发展到目前兼顾居民的物质条件和主观感受的主客观测度法，使得福祉成为一个主客观相统一的概念，客观性在于主体生存发展的相对满足状态，主观福祉则是这种客观实质的主观形式，且福祉的客观实质在被主体感知体认的过程中不断得以确认和演变。就农村居民福祉而言，由于主观福祉的包容性更强，一直处于主流研究地位，但研究无法完全摒弃客观因素，收入和贫困状态等客观指标依然是衡量农村居民福祉的重要手段。考虑到土地流转会主要影响农户农业生产方式和生计模式，为了更加客观地衡量土地流转后农村居民的福祉情况，本研究从农业生产成本和农户贫困脆弱性视角分析农户的福祉。

二、理论基础

（一）农户行为理论

1. 小农经济行为

西方经济学根据小农行为是否理性，将其划分为道义小农和理性小农（饶旭鹏，2011）。道义小农由美国经济学家詹姆斯·斯科特提出，思想主要来源于社会农学家恰亚诺夫的《农民经济组织》。恰亚诺夫反对将所有行为理性化，他认为小农户是兼具生产和消费两种属性的单位，其生产和消费决策并不能完全分开，不能将"利润最大化"假设应用于小农户分析，而应运用"家庭效用最大化"来分析小农户的经济行为。斯科特强调了道义小农的"安全第一"和"互惠"原则，他在《农民的道义经济学》一书中研究了东南亚社会中下阶层的小农，指出在社会环境不稳定和气候变化异常的条件下，小农户出于自身家庭生存考虑，首要目标是通过各种方式来避免农作物歉收，从而保障家庭的基本生活需要。可以见得，在"安全第一"的生存法则下，小农户会尽可能规避不可预见的风险，以家庭生计安全为目标而非追求利益最大化来决策自身行为。

而理性小农的观点是将小农户看作是和资本主义企业家一样的理性经济人，其经济决策目标为利润最大化。舒尔茨是理性小农的代表人物之一，他在《改造传统农业》中指出传统农业生产中的农民并不是懒惰和愚昧的，而是和资本主义企业家一样具备理性经济思维，农民会考虑生产经营的成本收益和风险，并充分利用现有生产要素，以实现利润最大化。由于农户缺少储蓄和投资，导致小农无法扩大生产实现减贫，农户也就表现出贫困且有效率，他认为改造传统农业需要从三个方面着手：一是建立适应市场变化的家庭农场，二是能为农户引进现代农业生产要素提供条件，三是提高农户的人力资本。Popkin（1979）也认为小农是理性的，甚至比资本家更精于计算。事实上，当小农户面对复杂的情况时，出于自身生存和发展的考虑，规避风险都是小农户的重要考量方面，有些小农户行为看似是非理性行为其实是理性行为，例如，不率先尝试使用新农业技术、更换种植作物等。然而，小农规避风险的属性会随着自身和社会环境的不同而变化：对于贫困小农而言，为了生存会更多规避任何危及生计安全的风险行为；对于发展型小农而言，为了"趋利"会愿意承担更多可能发生的风险。

2. 小农生产决策

农业生产具有较大的不确定性，农户经济行为决策会受到风险承受的约束，农户理性行为既需要考虑利润最大化，也需要考虑风险最小化（毛慧和周力等，2018）。一般可以将市场参与者分为风险厌恶、风险爱好和风险中性三种，大多数小农户都属于风险厌恶者。小农户生产经营决策的依据是预期风险小于预期收益，可以假设一个风险厌恶小农的期望收益为 $E(X)$，小农户为规避风险而愿意付出的风险溢价（风险贴水）为 P，考虑风险后小农的等价收益 CE 为

$$CE=u[E(X)-P]=u[E(X)+\varepsilon] \qquad (2-1)$$

其中，ε 是农业生产预期收益的微小变化；P 为马科维茨风险溢价，其值越大说明小农风险厌恶系数越高。

假设小农的效应函数能够二次连续可微，对式（2-1）两边在 $E(X)$ 处做泰勒级数展开，只保留一阶和二阶导数，则可表示为

$$u[E(X)]+u'[E(X)]\varepsilon+\frac{1}{2}u''[E(X)]\varepsilon^2+Re=u[E(X)]-u'[E(X)]P+Re$$

$$(2-2)$$

$$u[E(X)]+\frac{1}{2}u''[E(X)]Var(\varepsilon)=u[E(X)]-u'[E(X)]P \quad (2-3)$$

由式（2-2）和式（2-3）可得风险溢价：

$$P\approx-\frac{1}{2}\frac{u''[E(X)]}{u'[E(X)]}var(\varepsilon) \qquad (2-4)$$

式（2-4）的右边有两个因素，$\dfrac{u''[E(X)]}{u'[E(X)]}$ 为小农个体偏好因素；$var(\varepsilon)$ 为农业经营收益的期望方差，表明不确定风险。可以将农业经营风险的 ε 因素除去，留下仅能反映小农户个体的因素，则更一般化的风险厌恶指标为

$$\lambda[E(X)]=\frac{u''[E(X)]}{u'[E(X)]} \qquad (2-5)$$

Pratt（1964）和 Arrow（1971）分别证明了在一定的假设条件下，反映经济主体的效应函数特征的 $-\dfrac{u''[E(X)]}{u'[E(X)]}$ 可以用来度量经济主体的风险厌恶程度。因此，λ 也被称为阿罗-普拉特绝对风险厌恶系数。

（二）土地产权理论

马克思土地产权理论与我国农地制度改革息息相关，其理论体系包括土地产权权能理论、土地产权结合与分离理论、土地产权商品化及配置市场化理论。

1. 土地产权权能理论

马克思所说的"土地产权"是由终极所有权衍生出来的占有权、使用权、处分权、收益权等权能组成。土地终极所有权也就是一般意义上的所有权，是指主体对土地享有的、排斥他人的，能根据自身意志来处分土地，并被社会所认可的权利。土地占有权是指主体掌握、控制土地的权利，占有者对土地具有使用权，而不享有对土地的处分权。土地使用权是指主体按照一定规则对土地直接利用的权利。土地处分权是指主体按照其意志对土地在事实上或法律上进行支配的权利，也是土地所有权运行的主要形式。土地收益权是指主体能根据自己所享有的那部分权能从他人那里获得收益的权利。土地出租权是指土地所有者向取得土地占有权和使用权的土地占有者和使用者收取价金的权利。土地转让权是指主体按照自身意愿将权能转让给他人的权利。在以上各种权能中，土地终极所有权处于核心地位，其他权能由其延伸而来。土地产权权能理论打破了人们对土地产权单一的认识，也在理论层面上为土地产权结合与分离奠定了基础。

2. 土地产权结合与分离理论

马克思认为所有土地产权权能能够灵活组合，可以归属于不同的主体。但产权权能的分离和独立运行既要在经济上获得实现，又要形成新的经济关系。马克思概括了土地权能结合和分离的三种类型。第一种是高度统一的权能结构，这种类型的特征就是所有土地权能都集中在一个主体上，土地终极所有权人同时又是占有者、使用者等。个人生产资料的终极所有权是该类型的核心基础，土地占有权为主体从事生产提供了直接条件，且土地终极所有者不需要向任何人支付租金，地租就好像是农民自己支付给自己的。农场主从土地产出中获得的收益，实际上是其作为土地终极所有者收取的地租再加上作为土地占有者通过直接参与生产活动取得的收益。第二种是土地私有制权能分离结构，也就是土地终极所有权和其他权能分离并独立运行，形成多元产权主体格局。在这种情况下，土地占有权、使用权等权能与土地终极所有权相分离，由不同的主体享有并独立运行，这些不同的权利主体分别称为土地所有者、占有者和使用者，他们的经济利益是根本对立的。第三种是土地公有制权能结构，这种结构与土地私有制权能分离结构的区别在于社会制度的差异。马克思也认为，土地所有者脱离直接生产活动的群体而只收取租金，那么，社会的不断发展会使得土地所有者的地位逐渐弱化。

3. 土地产权商品化及配置市场化理论

马克思虽然没有明确指出土地产权具有商品属性，但马克思认为土地产权就像资本一样，成为支配无偿代价劳动的凭证。土地是人们生产和生活的基础，土地的所有权总是与一定的社会制度相联系，在私有制下的土地被少数地主阶级拥有，在公有制下的土地被所有成员共同拥有。那么，在土地私有制情况下，那些没有土地所有权的经营者想要耕种土地，则需要取得土地的占有权和使用权，可能的途径就是向土地所有者租用土地。与此同时，拥有大量土地的土地所有者，因自身耕种能力有限和坐享其成的目的，也会试图将自己的土地转让给其他人耕种，自己则收取土地租金。这样也就为土地产权的交易提供了条件，土地产权的相关权利就具备了一般商品的交换价值。马克思认为土地产权配置市场化理论主要包括土地产品的市场配置途径和土地产权价格两个方面。马克思认为土地产权市场配置途径有两种。一种是土地产权的出租和转让，当土地资源占有和需求处于不均衡状态时，则双方需要通过一定的市场行为来实现供需平衡。另一种市场配置途径是土地产权的买卖，也可以分为土地终极所有权的买卖和土地部分产权的直接买卖。土地终极所有权的买卖会带来土地的集中和兼并，土地部分产权的直接买卖只是转移了部分权能，土地所有者由此获得货币资本。另外，马克思认为土地产权价格并不取决于买卖双方的意志，而是由他没有参与、和他无关的社会劳动的发展所决定的。土地产权价格也会受到市场供求的影响，且也会随着土地需求增加而呈现不断上涨的趋势。

（三）可持续生计理论

可持续生计理论是以可持续发展为目的，重点分析社会、制度和物质环境间复杂关系的一种新的分析框架。可持续生计理论主要运用于农村贫困和农户生计研究，侧重于培养生计的可持续性，将以往对农村福利的研究从静态的贫困、收入和消费视角延伸到了可行能力、脆弱性和生计资本等方向。

目前已有较多的国际机构和组织尝试构建可持续生计框架，应用最为广泛的当属英国国际发展署所提出的，以生计为核心构建了包括生计资本、生计脆弱性、制度和组织发展、生计策略和生计结果在内的理论分析框架（DFID，1999）。图 2-1 是可持续生计分析框架图（SLF）。农户在面对不可预见的风险冲击时，会根据自身生计资本选择相应的生计策略，最后会得出对应的生计结果，而农户的生计资本一般分为自然资本、人力资本、社会资本、物质资本和金融资本。

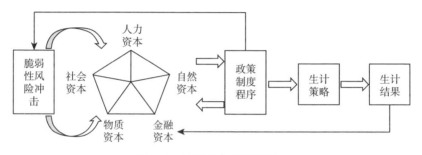

图 2-1　可持续生计分析框架

生计资本可分为有形资本和无形资本（Scoones，1998），有形资本是农户生产和生活的基本资源，无形资本是农户根据自身资源和条件获得信息、科技和收入的能力，主要体现农户抵御风险冲击和维持资产水平的能力。自然资本主要是由土地、水和其他环境资源构成；人力资本具备数量和质量两种属性，农户的人力资本数量一般是指家庭劳动力人数和劳动时间，人力资本质量是指劳动力的健康和受教育水平等。一般而言，人力资本会促进农户进入更高收入的生计领域，且人力资本还会影响家庭资源的利用效率。物资资本包括农户的各类生产工具、牲畜、家用电器和房产等固定资产（FAO，2005）。社会资本是指社会关系、社会结构和社会制度中的规范、责任和信任等（Rakodi，1999），通常使用参与合作组织、家庭礼金和社会信任等指标来衡量。金融资本包括农户的存款、现金、贷款和保险等。

生计资本会因风险冲击而减少，导致农户生计可持续性的降低。风险冲击既可能来自地震、海啸、暴风雪等自然灾害，也会来自政策调整和制度缺失。例如，农业保险的缺位会提高农业生产风险，土地制度调整会影响农户的土地资源。FAO（2005）将影响农户生计的政策制度分为 4 种，分别为正式组织、非正式组织、经济制度和社会组织。有利的政策和制度环境能提高农户的生产积极性，减少农户生产的不确定性和风险，从而增强农户生计可持续性。生计策略是根据生计目标而选择的一种行动组合，包括生产活动、投资战略和资产配置等内容，生计多样化则是农户采用多种生计模式以降低风险的一种生计策略。现有学者认为生计多样化产生的原因是风险管理和广度经济两个因素（Loison，2015）。由于小农普遍偏向于风险厌恶型，考虑到农业生产存在的生产风险和价格风险，农户会选择种植多种农作物、轮种、复种等方式进行风险管理，从而减少某种农产品价格波动过大对农户收入造成的影响，甚至可以通过从事非农经营来降低风险。广度经济是指将家庭劳动力配置到不同类型的生产活动中，从而降低单一配置劳动力导致边际效应递减的趋势，提高劳动力边际生产效率。再者，农业生产具有季节性，通过种植不同时节的作物来合理配置劳动力，减少单一种植导致季节性劳动力短缺或剩余的问题。

(四) 农业规模经济理论

从农业的长期生产来看，农户会根据实际情况调整农业生产要素投入。当农业生产要素投入改变时，农业规模经济也会发生改变，则对应收益可能是规模经济或规模不经济（彭群，1999）。农业生产要素主要为土地、劳动力、资本、技术和管理，土地流转主要改变的是农业生产中土地要素的投入，农业规模经济理论则是考虑随着农业生产中土地要素投入的变化，农业生产效率的变动情况。当农业生产规模较小时，农户通过土地流转来增加土地投入，以实现农业适度规模经营，从而提高农地规模报酬；当农业生产规模达到一定水平时，继续追加土地可能也不会增加农业规模报酬。农地规模经济主要考察土地要素投入变化对农业生产的影响，可以通过土地规模报酬曲线变化图来演示这一变动。如图 2-2 所示，假设农业生产要素投入无约束，从 A 到 B，土地、劳动力和资本等生产要素都增加 0.5 倍，农业产出规模则会增加 1 倍，可以将此变动称为规模报酬递增；从 B 到 C，土地、劳动力和资本等生产要素都增加 1 倍，但农业产出规模也只增加 1 倍，则说明规模报酬不变；从 C 到 D，农业产出增加的幅度小于生产要素投入增加的幅度时，规模报酬递减。因此，A－B 和 B－C 为合理的生产要素投入区间，在此区间，农业产出规模会随着生产要素投入的增加呈现出同比例或者更大幅度的增加。

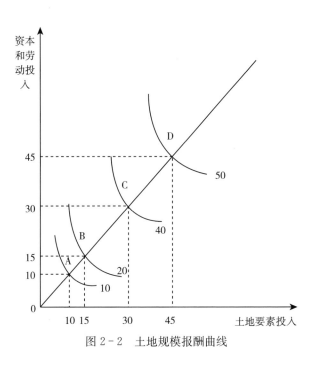

图 2-2　土地规模报酬曲线

　　土地规模经济是土地规模报酬处于递增或不变阶段时的状态，即随着土地投入面积的扩大，单位土地面积的收益会增加，或单位土地产品成本会下降。从长期生产来看，农业规模报酬会出现递增、不变和递减阶段的主要原因在于长期平均成本。图 2-3 为农业规模经济和规模不经济曲线图，AB 段为长期平均成本下降的一段，表示随着土地面积的增加，农业的长期平均成本在不断下降，则农业生产呈现规模报酬递增趋势；当土地规模处于 BC 段时，农业的长期平均成本不变，表示农业生产呈现规模报酬不变的趋势；当土地规模扩大到 C 点之后，农业长期平均成本不断上升，则农业生产为规模报酬递减阶段。在家庭联产承包责任制的政策背景下，我国农户普遍呈现出小规模的分散经营模式，农业生产很难达到适度规模经营的状态。土地流转则是调整农业规模经营的重要手段，农户可以通过土地流转方式转入更多土地进行经营，从而实现农业生产的规模经济目的。另外，还有一部分家庭因缺失劳动力，也能将土地流转给其他农户经营，从而提高土地利用效用，为转出户带来相应的土地租金。

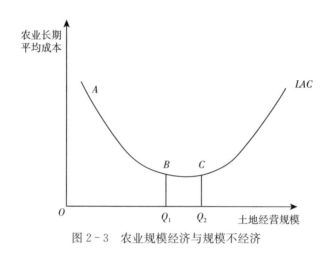

图 2-3 农业规模经济与规模不经济

第三节 理论分析框架

农户可持续生计会受到外部环境和内部环境的综合影响，外部环境的诱发因素也会改变内部环境，土地流转是众多外部环境中的关键因素。土地是农户重要的生产资本和生活保障来源，土地制度的调整会影响整个农业生产关系的变化，农户会根据外部环境变化来合理调整自身资源配置，并最终影响农户福祉。本研究在梳理相关文献和研究理论的基础上，按照"土地流转—生计资本利用—生计策略选择—农户福祉（生计结果）提升"的逻辑主线，构建了土地流转影响农户可持续生计的理论分析框架（图 2-4）。本章在理论层面上分析土地流转对农户生计资本的影响机理，以及土地流转对农户生计策略和福祉的影响机理，揭示了土地流转能够优化农户土地利用方式和增加农业机械使用，进而影响农户种植结构和劳动力配置情况，从而形成相应的生计结果，并作用于农户福祉。

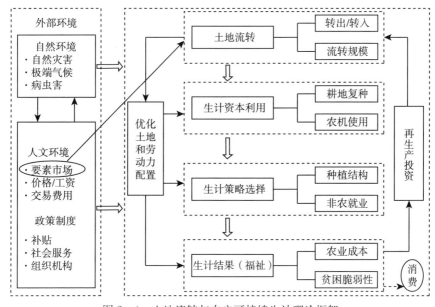

图 2-4　土地流转与农户可持续生计理论框架

一、土地流转对农户生计资本利用的影响机理

（一）土地流转对农业机械使用的影响机理

土地流转后农户一般会对农用地进行平地和整地，以期通过增加土地生产力和改善生产环境达到增收目的。平地包括田块土层调节和梯田改造工程，整地包括田块归并工程和条田建设工程，都有利于农业机械使用（金雪婷和曹光乔，2018）。土地流转对农业机械使用的影响机理如下：①田块土层调节。田块土层调节不仅能平抑田块高差，还能保护土壤。土地转入能够促进农户对田块土层进行综合调节，田块高差减少能够为农业机械提供更为良好的田间作业环境（叶艳妹和吴次芳等，2011）。另外，地基平整或客土回填都能提高农业机械作业的水土条件（谭永忠和韩春丽等，2013）。②梯田改造工程。梯田改造又被称为"坡改梯"，主要是沿等高线方向修建条状阶台或波浪式断面田，调节整体地形坡度。通过梯田改造工程能有效降低坡地的倾斜度和合理规划梯田的生产道路，从而降低农业机械的转移难度和作业难度，减少农业机械的动力消耗（信桂新和杨朝现等，2017）。另外，梯

田改造会完善水利工程配套建设，解决田块涝渍问题，保障农业机械作业的水土环境（刘志刚，2011）。③田块归并工程。田块归并是指通过互换或者整合土地的方式减少地块数，实现土地连片耕作。土地转入能够有效降低土地分散程度和田埂系数，实现农作物连片合理布局，增加农业机械作业的净耕地面积（李琴和李大胜等，2017；郭庆海，2014）。④条田建设工程。条田建设是指对不规则田块的形状、规格和方向重新进行改良。土地转入后农户的农用地规模变大，可以对以往不规则的田块重新合理设置，增加农业机械作业的便利性和降低作业成本（张正峰和杨红等，2013）。

但不同类型耕地因耕作制度和种植环境等方面的差异，其生产效率和经济效益都会有所区别。水田地块作物的农业生产率一般要高于旱地，且水田作物的经济价值也要普遍高于旱地（吴兆娟和魏朝富等，2011）。那么，不同类型耕地的流转对农业机械的使用理应有所区别。耕地类型主要分为水田和旱地，两种耕地的生产效率都与耕作半径、坡度和耕作层厚度息息相关，因旱地具有单个地块面积狭小、坡陡、耕作层较薄等特点，农业机械作业的难度较大，转入后土地综合治理成本较高（尚慧，2011），而水田一般耕作半径较大、坡缓、耕作层较厚，农业机械作业难度较小，转入后土地综合治理成本相对较低（彭继权和吴海涛等，2019），所以，水田转入对农户提高水田农业机械使用程度可能会更高。基于此，提出本部分的研究假设：

H1：土地转入会增加农户对农业机械的使用，土地转出会减少农户对农业机械的使用。

H2：水田转入比旱地转入更能促进农户增加农业机械使用，水田转出比旱地转出更能减少农户对农业机械的使用。

（二）土地流转对耕地复种的影响机理

耕地复种是一种农户生产经营行为，从理性经济人的角度来看，农户会根据复种前后的预期农业收益来综合决策自身复种行为。复种作为耕作制中的一种重要形式，本身就受制于自然条件和经济技术发展水平，土地流转所引起的农业生产环境的变化为农户采用耕地复种行为提供了可能。土地流转对农户耕地复种行为的影响机理如下：①作业方式改变。土地转入后农户通常会对农地进行平整，平整的方式主要包括田块土层调节、梯田改造工程、田块归并工程和条田建设工程，通过以上这些方式能有效改善田间作业环境和实现土地连片耕作（叶艳妹和吴次芳等，2011；杨慧莲和李艳等，2019），进而提高农业机械使用的便利性，有效减少农业生产作业时间，保障复种过程中农作物"收获—种植"的有效衔接。②要素利用率提升。耕地细碎化一般会造成农业生产成本过高、生产效率低下和灾害防治能力差等问题。土地转入后能够利用土地规模经营的优势提升要素利用率，进而降低农业生产成本和提高生产效率（杨慧莲和李艳等，2019）。土地平整也能提升农业灾害防治能力，从而多方面促进农业收益的提升，农户也会因此提高务农积极性，进而提升耕地复种指数。③流转费用反作用。农户的土地流转一般需要支付一定的土地流转费用，只有当土地经营收入超过土地流转费时，农户才会接受土地转入。而且为了保证转入后农业收益为正，流转费用越高，农户耕地复种的程度就越高。④病虫害防治。耕地复种指数的提升常常伴随着病虫害发生概率的增加，防治病虫害的发生是保障耕地复种的基础。土地流转不仅能避免小农户单纯追求产量而盲目经营的土地耕作模式，还能促进规模经营户进行科学绿色耕作，应用先进的农作物病虫害防治技术，推进病虫害防治的智能化、专业化、绿色化，进一步为耕地复种提供保障（李琦珂和惠富平，2012）。

由于不同类型耕地的耕作制度和生产环境存在差异，不同类型土地流转对农户耕地的复种行为理应有所区别。耕地类型一般分为水田和旱地两种（彭继权和吴海涛等，2019）。旱地具有单个面积狭小、坡陡和耕作层薄等特点；水田具有耕作半径大、平缓和耕作层较厚等特点，且水田土地转入后的综合治理成本较低，也更适宜农业机械作业（尚慧，2011），因此，水田转入更有利于提高耕地复种指数。再者，在水田大量"双改单"的形势下，水田的利用程度一般不如旱地，这为大幅提高水田地块的复种指数提供可能，且水田地块作物的生产率和经济价值一般高于旱地，因此，进一步说明水田流转更能提高耕地复种指数。另外，在土地规模效应递增的作用下，土地转入促进农户耕地复种指数提高的效应也应呈现规模效应递增的趋势，且这一趋势应该在不同类型土地间有所差异。基于此，提出本部分的研究假设：

H3：土地转入会提高农户耕地的复种指数，且存在规模效应递增趋势。

H4：水田转入比旱地转入更能促进农户耕地复种指数的提升，且水田转入后的规模递增效应更明显。

H5：从经济效益来看，土地流转主要是通过土地流转费用反作用路径和要素利用率路径对农户耕地复种行为起作用。

二、土地流转对农户生计策略选择的影响机理

（一）土地流转对农户种植结构的影响机理

土地流转市场的快速发展促进了农村土地集中和规模化经营，土地流转后会对农村家庭的生产要素配置产生影响，从而影响农户的农业种植结构。农业种植结构的调整可以分为两种，即"趋粮化"和"非粮化"。我国粮食生产兼具劳动节约型技术和土地节约型技术路径，农业机械化的快速发展能有效节约劳动力，土地规模经营也能有效节约耕地资源。在农业社会化服务市场发展不充分和农业劳动力短缺的情况下，农户更愿意种植经济收益更高的非粮作物来获取更多的收益，从而导致小规模经营农户的耕地趋于"非粮化"。当农业生产要素处于流动性不够的环境中时，农村家庭劳动力会正好满足自家土地经营需求，不会出现劳动力的刚性约束问题；当家庭劳动力超过自家耕地的经营需求时，农户则会通过转入土地的方式来减少劳动力的浪费，随着土地转入的进一步增加，家庭劳动力也会呈现出不足的问题。

为了解决劳动力不足的问题，农户会优先选择用农业机械替代劳动力，而粮食作物对农业机械的依赖性较强，土地转入后更有利于农业机械作业，农业机械替代劳动力更能降低农业生产成本。另外，受制于粮食作物比较收益长期较低的影响，一直以来农户会更多倾向种植比较收益较高的经济作物，也就导致种植经济作物地块的复种指数较高，而种植粮食作物地块的复种指数较低，土地转入后农业生产环境的改善会促使农户提高耕地的复种指数。在粮食作物生产成本降低和粮食作物地块复种指数提升空间较大的情况下，农户会更多通过增加粮食作物播种面积来提高复种指数。再者，国家对耕作粮食作物的农户有粮食直补，这也会促使耕地"趋粮化"。且随着土地经营规模的扩大，农业经营收益和补贴收益的增加也会进一步刺激农业种植

结构朝着"趋粮化"发展。从不同类型土地流转来看，水田转入比旱地转入更能促进农户种植结构的"趋粮化"。这是因为水田地块本就更适宜种植粮食作物，能通过提高复种指数来增加粮食播种面积，从而提高耕地粮食作物播种面积的比例，从而使得水田转入后的"趋粮化"效应更加明显。基于此，提出本部分的研究假设：

H6：土地转入会促进农户种植结构的"趋粮化"，且存在规模效应递增趋势。

H7：水田转入要比旱地转入更能促进农户种植结构的"趋粮化"。

（二）土地流转对农户非农就业的影响机理

土地流转能促进农业规模经营，让农民在保留土地承包权的基础上，将家庭劳动力更多转移到非农领域就业，具体作用机理如下：

一是作为理性主体的小农，在选择劳动力转移时会考虑其预期收益和经济成本。农村劳动力转移的预期收益是土地转出的租金收入和从事非农收入的总和，农村劳动力转移的经济成本为放弃农业生产的机会成本和向非农产业转移费用的总和。农村劳动力向非农产业转移的费用包括土地流转的中介费用、农忙时回家耕种的差旅费和误工费等，而农户会发生劳动力转移的前提是在某一点上预期收益超过了经济成本，这一点即为"经济门槛"。可见，土地流转市场能够帮助农户降低土地流转费用，从而降低劳动力转移的"经济门槛"。

二是土地转出能降低农村劳动力转移的社会门槛。"社会门槛"是指农村劳动力适应城市生活所需要的思想、观念和生活技能等必要条件。由于农民长期身处在相对封闭的农村社会，其认知和意识可能并不能马上融入城市生活，土地转出能促使农户参与到城市社会的生产和分工中，接受新的思想和观念，为农村劳动力转移到城市就业降低了"社会门槛"。

三是土地流转能通过提高农业劳动生产率来促进农村劳动力转移。传统的分散化经营模式会影响农业新技术的采用，导致农业劳动生产率较低，束缚了大量劳动力在农村土地上。拉尼斯和费景汉指出，低水平的劳动生产率会严重阻碍劳动力转移，土地流转则能将土地资源向种田意愿较强或种田能手中集中，通过连片规模经营来提高农业机械使用率，更好地将新技术应用于生产以提高农业劳动生产率，从而释放出农村剩余劳动力。

四是土地流转通过弱化土地保障功能来推动农村劳动力转移。土地是农户最重要的生产资料，一直以来起着承担中国农村居民社会保障的作用，为了防止土地经营权丢失，农户一般不会将土地转出。随着土地流转市场完善，农户不仅能在土地转出后获得流转租金，还能在保留土地承包权基础上外出从事非农就业来提高家庭收入，从而促使更多农户愿意将土地转出。另外，由于适用于旱地作业的农业机械较少，经营旱地一般会占用更多的家庭劳动力，也就使得旱地转出要比水田转出能够释放更多的农村家庭劳动力。因此，相比水田转出，旱地转出更能促使农户配置更多的时间和人员从事非农生产经营活动。基于此，提出本部分的研究假设：

H8：土地转出能显著提高转出户的非农就业人员比例和非农就业时间。

H9：旱地转出要比水田转出更能提高转出户的非农就业程度。

三、土地流转对农户福祉变化的影响机理

土地流转涉及转入方和转出方，但土地流转对两方福祉的影响有所不同。农户出现不同土地流转方向的主要原因是农业生产效率的差异，高生产效率的农户会倾向于转入更多土地以实现农业的规模经营，低生产效率的农户会倾向于转出土地以获得更多非农就业的机会。具体而言，土地流转对转入方的福祉影响表现为四个方面：一是土地流转能有效地将利用率较低的土地转移到转入方，提升土地资源的配置效应，充分发挥土地规模效应，提高土地利用率和综合效益；二是土地转入方会增加对土地的投入，强化农业生产过程中的生产技术和管理水平，通过集约化方式提高土地产出率，从而增加农户的级差地租；三是转入方的农业经营规模扩大后，会提高农业生产要素的利用率，减少因土地分散经营导致的无效成本，从而降低单位农业生产成本，提高单位农业生产效益；四是土地经营规模扩大也能使农户获得更多政府补贴，通过增加体量来提高农户的市场议价能力，从而提高其市场竞争力，获得更多农业生产效益。

土地流转对转出户福祉的影响表现为三个方面：一是土地转出后的农户比较容易成为城市边缘人群，相关部门一般会组织活动或者培训来帮助这类

人群解决在城市工作生活中的困难，促使转出户尽快融入城市生活和工作，从而降低其城市融入门槛；二是土地转出能使转出户获得相应的土地租金，也能将家庭劳动力更多地配置到城镇非农部门就业，从而获得比务农收益更高的工资性收入，增加转出户的经济福利；三是转出后的农户会因城乡二元制度而无法进入城镇基本社会保障体系，会让农户面临更多的经营风险和失业风险，地方政府一般会为转出户构建相应的社会化服务体系，从而让转出户更为放心地转出土地，实现农村土地资源和劳动力资源的合理配置。基于此，提出本部分的研究假设：

H10：土地转入能显著降低转入户的农业生产成本，有助于农户福祉的提升。

H11：土地转出能显著降低农户的贫困脆弱性，有助于农户福祉的提升。

第四节　本章小结

现有研究针对土地流转与农户生计开展了大量研究，为本研究的开展奠定了扎实基础。但现有研究更多关注土地是否流转对农户生计策略选择和农业生产经营的影响，并未从土地流转细分类型的视角考察不同类型土地流转对农户生计及其福祉的影响。土地流转分为转入和转出，两者的经济行为逻辑迥然不同，有必要从土地流转方向的视角对现有研究进行补充，来探讨土地转出和土地转入对农户生计及其福祉的影响。再者，土地流转也分为旱地和水田流转，两类耕地的耕作经营方式和种植作物均不同，也就导致旱地和水田流转的效果并不一致，因此有必要探讨旱地流转和水田流转对农户生计及其福祉的影响。另外，农户是否进行土地流转较大可能是自我选择的结果，但现有研究却基本忽视了此问题，都是采用常规的计量模型进行分析，得出的结论可能并不准确，因此有必要采用更为科学的计量模型重新进行验证。

本章对农户、土地承包权、土地流转、可持续生计和农户福祉进行了概念界定，为全文分析奠定了基础。在梳理农户行为理论、土地产权理论、可持续生计理论和农业规模经济理论的基础上，提出了"土地流转—生计资本利用—生计策略选择—农户福祉（生计结果）提升"的逻辑主线，以此构建土地流转影响农户可持续生计的理论分析框架，重点分析了土地流转对农户生计资本利用的影响机理、土地流转对农户生计策略选择的影响机理、土地流转对农户福祉的影响机理。

第三章

中国农村土地流转的法律政策
演进与发展现状

　　中国从 1978 年改革开放起，农村开始实施家庭联产承包责任制，农村土地制度就根据市场发展需要不断进行调整，但调整的方向都是有利于解放生产力、提高农业劳动力的生产积极性的。在这段时间，土地流转法律政策先后经历了法律禁止和政策松动、法律许可和政策规范、法律保护和政策支持等阶段，逐步完善农民在土地上的各种权能。随着农村土地流转法律政策的完善和农地流转市场的不断发育，土地流转面积和占比逐年递增，土地流转不仅会改变农业生产要素的配置，也会对农户生计资本利用、生计策略选择和农户福祉产生影响。本章则是在梳理我国土地流转法律政策演进历程和特征的基础上，归纳当前土地流转的法律政策目标，并分析土地流转的发展状况。

第一节　土地流转法律政策的演进历程及特征

一、我国农村土地流转法律政策的演进历程

　　我国的土地流转经历了从改革开放初期的禁止流转，到 20 世纪 80 年代的法律许可和政策规范，而后逐步发展为现在的法律保护。可以看出，我国的土地流转法律政策随着经济社会发展在不断调整，其法律政策体系也在逐渐完善。可以将我国的土地流转法律政策演进大致分为四个阶段：

（一）法律禁止和政策松动期

　　1978 年到 1987 年是我国农村土地经营权流转的法律禁止和政策松动时期。如表 3-1 所示，改革开放初期，我国在法律和政策上明确规定农村土地不能进行流转，以 1982 年的《全国农村工作会议纪要》和《中华人民共

和国宪法》（以下简称《宪法》）为代表。随着家庭联产承包责任制的实施，土地的所有权和使用权开始分离，村集体拥有土地的所有权，农户拥有土地的承包经营权。但在实际生产过程中，由于部分农户缺乏劳动力耕种土地或务农的积极性不高，存在将自家土地转让给他人耕种的情况，但这一行为并未得到法律和政策的认可。随着这一现象逐渐增多，政府也开始重视此问题，于是分别在 1984 年和 1987 年下发《关于 1984 年农村工作的通知》《关于把农村改革引向深入的通知》，鼓励承包地向种田能手集中，实行集约化和规模化经营，并要求处罚撂荒者。这两个文件的出台标志着我国土地流转政策在逐渐松动，说明国家在根据现实情况逐渐调整相关政策，也透露出了国家从政策层面上对土地流转的积极态度，但这一时期在法律上对土地流转还是禁止的。由于在法律上并未得到相关的支持，这一阶段的土地流转规模相对较小。相关数据显示，截止到 1984 年底，全部转出土地的农户占总承包土地户数的 2.7%，转出土地的面积占总耕地面积的 0.7%。

表 3-1　土地流转的法律禁止和政策松动期的法律和主要政策文件

颁布时间	法律和政策文件名称	主要内容
1982 年 12 月	《中华人民共和国宪法》	任何组织或者个人不得侵占、买卖、出租或者以其他形式非法转让农村土地
1984 年 1 月	《关于 1984 年农村工作的通知》	允许农村土地承包地转包，鼓励承包地向种田能手集中，实行集约经营
1986 年 1 月	《关于 1986 年农村工作的部署》	鼓励耕地向种田能手集中，发展适度规模的种植专业户
1987 年 1 月	《把农村改革引向深入》	农村土地承包地弃耕荒芜的，要给予经济处罚，直至收回承包地

资料来源：作者根据相关文献资料整理。

（二）法律许可和政策规范期

1988 年到 2002 年为我国农村土地流转的法律许可和政策规范时期。表 3-2 所示是我国这一时期的主要法律和政策。1988 年《中华人民共和国宪法修正案》的颁布标志着我国农村土地流转在法律上开始松动，国家法律开始认可农村土地能够合法地进行流转。1993 年的《关于当前农业和农村经济发展的若干政策措施》规定在原定土地承包期到期后，再延长 30 年不变，为方便土地流转奠定了基础。1995 年的《关于稳定和完善土地承包关系意见的通知》中明确表明对农村承包地可以依法转包、转让、互换、入股，承包方合法权益受法律保护。1998 年的《中共中央关于农业和农村工作若干重大问题的决定》规定，土地使用权的合理流转，要坚持自愿、有偿的原则依法进行，不得以任何理由强制农户转让。这标志着我国农村土地流转政策逐步进入规范阶段。

表 3-2　土地流转的法律许可和政策规范期的法律和主要政策文件

颁布时间	法律和政策文件名称	主要内容
1988 年 4 月	《中华人民共和国宪法修正案》	土地的使用权可以依照法律的规定转让。这标志着我国农村承包经营权流转进入法律许可阶段
1988 年 12 月	《中华人民共和国土地管理法》	国有土地和集体所有土地使用权可以依法转让，国家依法实行国有土地有偿使用制度
1993 年 11 月	《关于当前农业和农村经济发展的若干政策措施》	在原定承包期到期后，再延长 30 年不变
1995 年 3 月	《关于稳定和完善土地承包关系意见的通知》	对农村承包地的依法转包、转让、互换、入股，承包方合法权益受法律保护
1998 年 10 月	《中共中央关于农业和农村工作若干重大问题的决定》	土地使用权的合理流转，要坚持自愿、有偿的原则依法进行，不得以任何理由强制农户转让

资料来源：作者根据相关文献资料整理。

尽管如此，这段时期的土地流转规模整体较低。由表 3-3 可知，这段时期我国土地流转面积占家庭总承包面积比重从 1990 年的 0.44％上升到了 2002 年的 1.44％，2002 年土地流转总面积却没超过 120 万公顷。虽然在这段时间内土地的流转规模和比重都有了显著提升，但农村土地流转整体处于较低的水平，可能原因是这段时间土地流转的制度还不够完善、城镇化和工业化的拉动效应还不够明显、社会保障机制不健全等，这些因素共同制约着农村土地流转的规模。

表3-3　法律许可和政策规范时期土地流转规模及流转比例

年份	流转土地面积占家庭总承包面积比重（%）	流转总面积（万公顷）
2002	1.44	120
1997	1.2	102
1994	0.73	64
1992	0.9	7
1990	0.44	43

注：1990年、1992年和1994年数据分别来源于农业部农村合作经济研究课题组1991年、1993年、1996年的《中国农村土地承包经营制度及合作组织运行考察》；1997年数据来源于卢鸿鹏、李淑兰（2006）的《农村土地承包经营权流转现状新解》；2002年数据来源于赵朝（2018）的《吉林省西部地区农地流转问题研究》。

（三）法律保护和政策支持期

2003年到2014年，这段时期是我国农村土地流转的法律保护和政策支持阶段，表3-4所示为这段时期我国出台的关于土地流转的主要法律和政策文件。2002年8月，《中华人民共和国农村土地承包法》第二章第五节规定了土地承包经营权的流转，该法的出台标志着我国农村土地流转管理工作进入法制化和规范化轨道。2008年10月，《中共中央关于推进农村改革发展若干重大问题的决定》中指出要健全土地承包经营权流转市场；2013年1月，《中共中央　国务院关于加快发展现代农业进一步增强农村发展活力的若干意见》中指出要全面开展农村土地确权登记颁证工作；2014年11月，《关于引导农村土地经营权有序流转发展农业适度规模经营的意见》中表明要鼓励农村土地承包农户依法采取转包、出租、互换、转让及入股等方式流转承包地，促进多种形式的适度规模经营发展。

表3-4　土地流转的法律保护和政策支持期的法律和主要政策文件

颁布时间	法律和政策文件名称	主要内容
2002年8月	《中华人民共和国农村土地承包法》	首次从立法角度对农村土地流转工作进行了规定，该法的颁布标志着我国农村土地流转管理工作迈入制度化、规范化轨道
2008年10月	《中共中央关于推进农村改革发展若干重大问题的决定》	完善农村土地承包经营权权能，建立健全土地承包经营权流转市场

（续）

颁布时间	法律和政策文件名称	主要内容
2013 年 1 月	《中共中央　国务院关于加快发展现代农业进一步增强农村发展活力的若干意见》	全面开展农村土地确权登记颁证工作
2014 年 11 月	《关于引导农村土地经营权有序流转发展农业适度规模经营的意见》	鼓励农村土地承包农户依法采取转包、出租、互换、转让及入股等方式流转承包地，促进多种形式的适度规模经营发展

资料来源：作者根据相关文献资料整理。

　　表 3-5 为这一时期我国农村土地流转的规模和比例，土地流转面积从 2005 年的 255 公顷增加到了 2014 年的 2 689 公顷，土地流转面积占比也从 2005 年的 3.07％上升到了 2014 年的 30.36％，可以看出，土地流转规模在这段时期的发展速度很快，这主要得益于政府所出台的支持土地流转的政策，以及不断完善的土地流转市场。与此同时，这段时期我国的工业化和城镇化进展较快，大批的农村劳动力流入到城镇就业，从而进一步促进了农村土地流转。

表 3-5　法律保护和政策支持期土地流转规模及流转比例

年份	流转面积占总家庭承包面积比重（％）	流转总面积（万公顷）
2014	30.36	2 689
2013	25.7	2 273
2012	21.24	1 856
2011	17.84	1 520
2010	14.65	1 245
2009	12.4	1 000
2008	8.7	707
2007	5.2	425
2006	4.57	370
2005	3.07	255

　　注：2005 年和 2006 年数据来源于吴太轩（2012）的《我国农地流转的法律障碍及其对策研究》；2007 年和 2008 年数据来源于陈晓华（2009）的《切实加强农村土地承包经营权流转管理和服务》；2009 年数据来源于王新（2010）的《农村新的活力从哪里来》；2010—2014 年数据均来自《中国农业年鉴》（2011—2014 年）。

（四）法律保护和政策成熟期

2015 年至今是我国农村土地经营权流转的法律保护和政策成熟阶段，表 3-6 所示为这段时期我国所出台的相关法律和政策。在土地流转过程中出现了部分地区强制流转土地，盲目扩大经营规模，甚至对流转后的土地进行"非农化"和"非粮化"的现象，严重背离了国家粮食安全战略。于是，2015 年 2 月出台了《关于加大改革创新力度加快农业现代化建设的若干意见》，要求农村土地经营权流转要尊重农民意愿，不得下硬指标强制推动，严禁擅自改变农业用途。2015 年 8 月出台了《国务院关于开展农村承包土地的经营权和农民住房财产权抵押贷款试点的指导意见》，指出允许农村承包土地经营权进行抵押贷款，不断赋予农民对承包土地的用益物权，落实土地承包经营权抵押融资功能，不断盘活农村土地资产。紧接着，2016 年 10月出台了《关于完善农村土地所有权承包权经营权分置办法的意见》，要求将农村土地承包经营权分为承包权和经营权，实行所有权、承包权、经营权三权分置，这也标志着土地流转政策趋于成熟。2019 年 1 月出台了《中共中央 国务院关于坚持农业农村优先发展做好"三农"工作的若干意见》，允许农户能使用承包土地经营权进行担保融资，完善"农户＋合作社""农户＋公司"利益联结机制，促进小农户和现代农业发展的有机衔接。之后，出台《中华人民共和国民法典》《国务院办公厅关于防止耕地"非粮化"稳定粮食生产的意见》，土地流转相关法律制度和政策进一步被完善。

表 3-6　土地经营权流转的法律保护和政策成熟期的法律和主要政策文件

颁布时间	法律和政策文件名称	主要内容
2015 年 2 月	《关于加大改革创新力度加快农业现代化建设的若干意见》	农村土地经营权流转要尊重农民意愿，不得下硬指标，强制推动。尽快制定工商资本租赁农地的准入和监管办法。严禁擅自改变农业用途
2015 年 8 月	《国务院关于开展农村承包土地的经营权和农民住房财产权抵押贷款试点的指导意见》	通过农村承包土地的经营权的抵押贷款，不断赋予农民对承包土地的用益物权，落实土地承包经营权抵押融资功能，不断盘活农村土地资产
2016 年 10 月	《关于完善农村土地所有权承包权经营权分置办法的意见》	将农村土地承包经营权分为承包权和经营权，实行所有权、承包权、经营权分置并行

（续）

颁布时间	法律和政策文件名称	主要内容
2019 年 1 月	《中共中央　国务院关于坚持农业农村优先发展做好"三农"工作的若干意见》	允许承包土地的经营权担保融资。落实扶持小农户和现代农业发展有机衔接的政策，完善"农户＋合作社""农户＋公司"利益联结机制
2020 年 5 月	《中华人民共和国民法典》	流转期限为五年以上的土地经营权，当事人可以向登记机构申请土地经营权登记
2020 年 11 月	《国务院办公厅关于防止耕地"非粮化"稳定粮食生产的意见》	严格控制流转耕地转为林地、园地等其他类型农用地，保障粮食安全

资料来源：作者根据相关文献资料整理。

表 3－7 为法律保护和政策成熟期我国农村土地流转规模及比例，土地流转面积从 2015 年的 2 979 万公顷增加到 2020 年的 3 763 万公顷，土地流转占比从 2015 年的 33.29％上升到了 2020 年的 35.9％，尽管占比增加不大，但是实际流转面积在不断增加，主要是因为通过土地丈量清查出来了更多的耕地。可以看出土地流转在这段时期有一定增长，但较上一阶段的增速有所放缓，可能的原因是这段时期土地流转的相关政策文件在不断规范，增长已经从数量向质量转变，并实施了小农户和现代农业发展有机衔接的政策，强调发展多种形式农业适度规模经营。

表 3－7　法律保护和政策成熟期土地流转规模及流转比例

年份	流转面积占总家庭承包面积比重（％）	流转总面积（万公顷）
2020	35.9	3 763
2019	38.92	3 700
2018	37.55	3 593
2017	39.96	3 414
2016	35.14	3 242
2015	33.29	2 979

数据来源：《中国农业年鉴》（2016—2021 年）。

二、我国农村土地流转法律政策的演进特征

纵观改革开放以来我国农村土地流转法律政策的演变，可以得知我国现

有的农村土地流转政策是经过长期的摸索才形成和确立的。每一阶段的调整
都是顶层设计和基层创新相互结合的结果，都关系着农民的财产权益和生计
发展，不断适应着社会环境的变化和发展，并最终影响着城乡经济发展格
局。我国的土地流转法律政策的演进特征可分为以下几点：

（一）土地流转法律政策调整与农村经济体制改革相适应

中国最初的改革开放从农村地区开始。家庭联产承包责任制的推行，极
大地提升了农民的生产积极性，使得中国农业总产值在短期内得到了显著提
高，农业生产效率获得空前增长。到 20 世纪 80 年代，人民公社彻底解体，
农户拥有了对自己财产和时间的支配权，政府也开始逐步放开了农民只能在
农村务农和谋生的限制，特别是在 1982 年以后，1985 年中央 1 号文件明确
提出了"允许农民进城开店设坊，兴办服务业，提供各种劳务"的经济政
策，这为农户转出土地到城镇谋生提供了可能，"农民工"则由此而来。再
者，有部分农户的务农积极性不高或农业种植技能水平较低，进城务工机会
也促进了这部分农户愿意将自己的土地转移给他人种植。但这一时期的土地
流转并未普遍行动起来，主要原因是当时土地流转在法律和政策层面还未得
到支持和认可，是一种私人行为。20 世纪 80 年代中期后，随着改革开放的
逐渐深化，城乡隔绝的户籍制度开始松动，城镇中二、三产业的比重逐步提
高，乡镇企业也开始蓬勃发展，这些因素都驱动着农村劳动力向城镇转移，
更多的土地流转行为开始在农村出现。1988 年修正的《中华人民共和国宪
法》中明确规定：土地的使用权可以依照法律的规定转让。到了 21 世纪，
国家对"三农"问题的重视程度逐渐增加，对"三农"的资金支持和政策扶
持也在逐年强化，农业基础设施的改善和农业技术水平的提升，也极大地释
放了附着在土地上的农村劳动力，更多的劳动力开始向城镇转移，也就造就
了当前 2.9 亿农民工的盛况。与此同时，这段时期的土地流转也达到了较高
水平。

（二）土地流转法律政策调整重心逐步由数量向质量转变

土地流转有利于促进农业现代化，通过农业高质量发展来提升农业整体
竞争力。自从土地流转法律政策松动后，农村土地流转呈现出井喷现象，各
地都在如火如荼地开展土地流转工作，以流转规模作为工作成绩显著的主要

指标。中国农村土地流转面积占总承包面积的比重从 2005 年的 3.07％ 上升到 2020 年的 35.9％，流转面积从 2005 年的 255 万公顷上升到 2020 年的 3 763 万公顷，可以看出这段时期农村土地流转发展速度较快。但流转形式整体比较单一，土地流转到新经营主体的比例较低，流转质量也出现明显问题。而且，有的地方政府为了片面追求流转规模，在流转过程中出现了违背农民自身意愿的行为，甚至出现虚假流转的现象，这些做法都严重损害了农民利益和政府形象。之后，国家开始逐渐调整不合理的土地流转法律政策，引导农村土地流转由粗放型的数量为主转向集约化的质量为主的模式。近些年的土地流转更加侧重了小农与现代农业的有效衔接，强调了多种类型的适度规模经营，真正开始走以提升农业发展内核的土地流转模式，也表明了我国土地流转相关法律和政策在逐步成熟。

（三）土地流转法律政策调整逐步满足多主体的利益诉求

农村土地制度在较长一段时期是根据国家发展目标和战略来进行调整的。从新民主主义革命时期以来，中国共产党根据社会主要矛盾变化和革命形势的发展，依次提出了"耕地农有""减租减息、交租交息""耕者有其田"等土地政策主张，为新民主主义革命胜利奠定了基础。从新中国成立初期的"农民个体所有，家庭自主经营"，再到农业合作化时期的"劳动群众集体所有，集体统一经营"可以见到，这段时期的土地政策调整更多用以支持国家发展战略。自改革开放以来，土地流转法律政策在制定和执行过程中也更多体现政府的意志和目标，比如，有的地方政府为了完成土地流转目标，会采取流转补贴或行政命令的方式强制农民进行土地流转，导致违背土地流转主体意愿和冲突矛盾的事件发生，这种行为降低了土地流转质量，甚至还引发了"非粮化"、"非农化"、弃包、寻租腐败等问题。土地流转是生产要素的配置问题，应由市场机制在其中发挥决定性作用，使价格机制成为土地流转各方主体利益诉求的集中体现。之后制定和调整的农村土地法律政策更多地以满足广大农民群众对土地的需求为原则，适应了农村生产力发展的要求，维护了广大农民的利益，推进了农业经济发展，确保了农村社会稳定。

（四）土地流转法律政策始终围绕农村现实问题进行动态调整

我国制定和调整农村土地法律政策一直坚持理论联系实际、一切从实际出发的基本原则，切实解决土地流转中所存在的现实问题。例如，20 世纪80 年代中后期，随着人多地少矛盾的出现，农村中的剩余劳动力问题成为了社会关注的重点。于是我国出台政策逐步放松对土地流转的限制，农民则能够将自家土地通过转租、转包等方式流转给他人耕种，此政策促进了农业规模化种植和农村劳动力的城乡流动，也极大地满足了当时乡镇企业发展过程中面临的劳动力短缺问题。尽管 2008 年我国就规定要建立农村土地流转市场，但因各种原因都未形成完善的土地流转体系，导致出现了"非粮化""非农化"等各种损害农业生产的行为，甚至出现了转出方"毁约"、转入方"跑路"等恶劣现象。为此，出台并落实《关于防止耕地"非粮化"稳定粮食生产的意见》《关于坚决制止耕地"非农化"行为的通知》以及《农村土地经营权流转管理办法》等政策，有效规范了农村土地经营权流转行为。此外，随着土地流转价格日益高企，甚至出现了溢价流转问题，短期流转又不利于土地担保融资。针对农业经营主体融资难问题，《中华人民共和国民法典》明确了流转期限在五年以上的农村土地经营权的物权地位，这为抵押担保融资提供了理论支撑和法律依据。中国共产党成立百年来农村土地法律政策的变迁轨迹表明，只有坚持一切从实际出发的原则，适时调整并不断完善、创新党的农村土地法律政策，才能充分发挥法律和政策对实践的正确引领和助推作用。

第二节　土地流转的法律政策目标分析

政策目标是指一项政策要达成的预定目标。有不少学者就现行土地流转的政策目标进行梳理，姜法芹（2009）认为土地流转的政策目标可以总结为三个：一是稳定和巩固了家庭联产承包责任制；二是确保了国家粮食安全；三是通过规模经济提高农民收入。张良悦（2016）认为土地流转的根本目的在于"工业化、信息化、城镇化和农业现代化的同步发展"，赵峰和黄寿海（2016）认为土地流转的终极目的就是解决"三农"问题，增加农民收入。本研究归纳目前已有的观点，梳理当前土地流转的法律政策目标有如下几个方面：

一、有助于巩固家庭承包经营制度

市场只会接受法律认可和保护的商品进行交易，土地经营权这一类商品也不例外。家庭联产承包责任制将土地所有权和承包经营权分开，规定了土地所有权归村集体所有，农户能从村集体承包一定土地进行经营，并要求土地承包期内不能随意对土地进行调整。但在实际的承包经营情况中，由于没有明确的法律规定土地不能随意调整，出现了部分地区在承包经营期内多次调整土地的情况，这种行为严重冲击着家庭联产承包责任制的稳定性，也意味着分配到农户手中的承包经营权具有不确定性，不利于维护农户的土地权益。消除承包经营权在承包期内的不确定性，是保障土地经营权在要素市场上顺畅流通和优化配置的重要前提，消除这种不确定性就需要明确界定土地的所有权、承包权和经营权，从法理上保障承包期内农户的相关权益。以农村土地经营权流转制度建设为核心的"第三次土地革命"是以巩固和完善土地家庭承包经营制度为主要内容的"第二次土地革命"的成果为前提的，也就是说要进行"第三次土地革命"首先必须在法理上（即在正式制度上）明晰和巩固"第二次土地革命"的成果。因此，农村土地经营权流转制度建设有利于从制度上巩固和完善家庭承包经营制度。

二、有助于提高土地资源配置效率

中国 40 多年的改革开放对产业结构调整产生了巨大的影响，二产和三产的比重已经成为了国民经济的主体部分，这也就使得农村劳动力的生计方式发生了重大变化。由于地区间经济发展的不平衡和资源禀赋的差异，导致东部地区和中西部地区农户的耕地利用情况有所差异。就东部地区而言，城市经济和农村非农经济的快速发展促使相当数量的农村劳动力就近转移到了非农产业就业，农户兼业化比重较高，且家庭主要收入来源已经不是农业经营收入，也出现了部分抛荒等情况，导致土地资源被无效利用。就中西部地区而言，经济发展速度不如东部地区，本地没有足够的非农劳动岗位满足农村劳动力的就业需要，使得较多的中西部农村劳动力选择跨地区外出就业。再者，担忧土地流转后存在权属不清和土地社会保障功能丧失的问题，很多外出就业农户并未选择流转土地，出现了较大规模的抛荒和弃耕现象，严重浪费了土地资源。因此，不完善的家庭联产承包责任制并未很好地满足当前社会发展需求，导致东部地区和中西部地区都出现了不同程度的土地资源浪费问题，只有真正地解决好权属问题，让农户放心进行土地流转，才能够提高土地资源的配置效率。

三、有利于多渠道增加农民的收入

从经济学的视角来看，土地流转本身就是一种理性经济行为，农户只有在预期收益大于机会成本时才会进行土地流转。土地流转这一行为对转入方和转出方都能增加经济收益。具体从转出方来看，土地转出后首先能获得对应的土地租金，转出户在转出土地后通常会将家庭劳动力配置在非农生产经营领域，非农收入一般也要比务农收入更高。还有部分以入股的方式将土地转移给新型经营主体，转出户除了能被转入户雇佣、获得工资收入外，还能获得定期的分红收益。从转入户的角度来看，转入土地能显著提升土地经营规模，从而实现农业规模经济，降低单位农业生产成本，获得更多的经济收益。再者，土地经营规模越大，获得的政府补贴和支持政策也就越多，也间接增加了农户收入。因此，土地流转能从多个渠道增加转入方和转出方的收入。

四、有利于增强我国农业的竞争力

细碎化的土地经营模式是制约我国农业现代化的关键，分散经营导致农产品生产的标准和规格相差较大，难以形成合力和品牌塑造，导致中国农业存在大而不强的问题。西方发达国家也是以家庭经营为主，但每户所经营的土地面积都是以公顷计算，是我国户均经营面积的几十倍，甚至上百倍。因此，西方国家的农户经营更应该称为家庭农场的经营模式。虽然我国的国土面积广袤，但是可利用的耕地面积比较有限，且农村人口基数又相对较大，这就导致我国出现了矛盾较为突出的人多地少问题。我国人均耕地面积只有

1.36 亩，是世界人均耕地面积的 1/3，是多数发达国家的 1/10。可见我国耕地资源相当紧张，这也导致了我国农业竞争力相对较低。在耕地资源有限的情况下，只有通过土地流转才能最大化地利用土地资源，发挥大面积种植的规模经济效应，通过提高土地资源的配置效率，吸引资金、技术、人才等资源投向农业开发，发展效益农业，才能优化农业产业结构，最终提高农业专业化水平和农产品在国际国内市场上的竞争力，促进中国农业与世界农业的接轨。

五、有利于推进"四化"协调同步

中国特色新型工业化、信息化、城镇化、农业现代化道路中的"农业现代化"一直是短板，而制约农业高质量发展的主要因素是长期的分散经营模式，土地流转则能有效改善土地分散经营情况，促进农业现代化发展。传统小农在农业技术、新品种引进等方面都比较滞后，细碎化土地也使得高效的现代化机械无法应用，农业现代化的管理技术也相对欠缺。不仅如此，农业现代化的实现不仅仅靠土地流转，也需要其他"三化"的配合，例如，土地流转后会存在大量的农村剩余劳动力，这时候就需要工业化和城镇化的发展来吸纳农村剩余劳动力，否则土地只是集中在少数公司和企业手中，这就成了土地兼并，会极大危害社会稳定性。农业现代化也需要信息化的协调，目前大数据的应用为各个行业提质赋能，数字经济也应是农业现代化的发展内容之一。因此，土地经营权流转是产业结构变化相应地引起就业结构变化而产生的结果，也有力地促进了我国"四化"的协调同步发展。

第三节　中国农村土地流转的发展现状

一、土地流转面积和质量稳步提升

表 3 - 8 为 2010—2020 年全国土地流转的总体情况，主要汇报了每年土地流转的面积和比重。从表中可知，近十年间土地流转规模翻了 2 倍，2020 年的土地流转面积约是 2010 年的 3 倍，流转面积占总家庭承包面积比重由

2010 年的 14.65% 上升到了 2020 年的 35.9%，前期土地流转的增长速度很
快，后期土地流转速度放缓，也是土地流转由以数量为主向以质量为主转变
的结果。

表 3-8 2010—2020 年全国农地流转的总体情况

年份	流转面积占总家庭承包面积比重（%）	流转总面积（万公顷）
2020	35.9	3 763
2019	38.92	3 700
2018	37.55	3 593
2017	36.96	3 414
2016	35.14	3 242
2015	33.29	2 979
2014	30.36	2 689
2013	25.7	2 273
2012	21.24	1 856
2011	17.84	1 520
2010	14.65	1 245

数据来源：《中国农业发展报告》和《中国农业统计资料》。

表 3-9 为 2020 年各省土地流转情况。可以看出，各省目前的土地流转
情况差异较大，土地流转面积占家庭承包面积的比例在 50% 以上的省份有
北京、黑龙江、上海、浙江、江苏，这些省份的土地流转占比基本上在
60% 以上，其中上海的占比最高，达到了 91.06%。除了黑龙江以外，北
京、浙江和江苏都是经济发展水平较高的省份，农村人口更多去从事收益
更高的非农生产经营活动。流转面积占比高于全国平均水平的省份有天
津、内蒙古、吉林、安徽、江西、湖南、重庆等。流转面积占比较低的省
份有山西、广西、贵州、云南、甘肃和宁夏，都在 20% 以下，可能原因
是这些地区都以山区为主，土地流转后也难以形成规模经济，且这些地区
的经济发展水平较为落后，没有足够的非农就业岗位吸引农民到非农产业
就业。

表 3 - 9　2020 年各省份土地流转情况

省份	总承包面积（万公顷）	土地流转面积（万公顷）	土地流转占总承包面积的比例（%）	省份	总承包面积（万公顷）	土地流转面积（万公顷）	土地流转占总承包面积的比例（%）
北京	27.98	17.84	63.76	河南	736.8	228.16	30.97
天津	27.83	13.8	49.59	湖北	411.48	140.97	34.26
河北	539.57	165.93	30.75	湖南	350.57	144.09	41.10
山西	344.69	52.67	15.28	广东	235.1	103.41	43.99
内蒙古	670.51	253.61	37.82	广西	316.35	60.4	19.09
辽宁	358.13	113.53	31.70	海南	43.06	3.83	8.89
吉林	450.8	181.34	40.23	重庆	234.02	93.59	39.99
黑龙江	757.81	429.27	56.65	四川	607.3	175.19	28.85
上海	11.19	10.19	91.06	贵州	424.75	79.19	18.64
江苏	351.29	215.33	61.30	云南	743.34	75.04	10.09
浙江	122.15	73.5	60.17	陕西	356.25	84.39	23.69
安徽	531.07	248.94	46.88	甘肃	430.82	75.35	17.49
福建	106.67	31.29	29.33	青海	53.69	12.99	24.19
江西	244.53	113.91	46.58	宁夏	109.32	20.52	18.77
山东	616.44	260.32	42.23	新疆	197.56	69.33	35.09

二、土地流转的服务平台日趋完善

2014 年中共中央办公厅、国务院办公厅印发的《关于引导农村土地经营权有序流转发展农业适度规模经营的意见》（以下简称《流转意见》）提出，依托农村经营管理机构健全土地流转服务平台，完善县乡村三级服务和管理网络，建立土地流转监测制度，为流转双方提供信息发布、政策咨询等服务。2021 年农业农村部制定出台《农村土地经营权流转管理办法》，鼓励各地建立土地经营权流转市场或者农村产权交易市场，规范开展土地经营权流转政策咨询、信息发布、合同签订、交易鉴证、权益评估、融资担保、档案管理等服务。截至 2020 年底，全国已有 1 474 个县（市、区）、2.2 万个乡镇建立农村土地经营权流转市场或服务中心，全国家庭承包耕地土地经营权流转面积超过 5.32 亿亩。同时，农业农村部指导各地加强农村土地承包经营纠纷调解仲裁体系建设，健全纠纷调处机制，妥善化解土地流转纠纷。截至 2020 年底，全国涉农县（市、区）已基本建立仲裁委员会，受理的土地承包经营纠纷案件连续四年下降。

三、土地流转管理和操作逐渐规范

《流转意见》对加强土地流转管理和服务、加强土地流转用途管制、加强对工商企业租赁农户承包地的监管和风险防范提出了明确要求。2015 年农业农村部会同有关部门印发《关于加强对工商资本租赁农地监管和风险防范的意见》，要求各地建立健全工商资本租赁农地上限控制、分级备案、审查审核、风险保障金和事中事后监管等制度。2018 年新修改的《中华人民共和国农村土地承包法》对土地经营权作了专章规定，并要求县级以上地方人民政府建立工商企业等社会资本通过流转取得土地经营权的资格审查、项目审核和风险防范制度。2021 年，《农村土地经营权流转管理办法》对工商企业等社会资本通过流转取得土地经营权的审查审核作出了相关规定。为加强耕地保护，2021 年自然资源部印发《耕地卫片监督方案（试行）》，决定运用卫星遥感等现代信息技术，对耕地进行动态监测监管，强化用地审查，落实最严格的耕地保护制度。

四、土地流转的形式更加丰富多样

《流转意见》明确提出，鼓励创新土地流转形式；有条件的地方根据农民意愿，可以引导农民以承包地入股组建土地股份合作组织，通过自营或委托经营等方式发展农业规模经营。2016 年中共中央办公厅、国务院办公厅印发《关于完善农村土地所有权承包权经营权分置办法的意见》，提出要探索更多放活土地经营权的有效途径。2018 年修正的《中华人民共和国农村土地承包法》明确规定，承包方可以自主决定依法采取出租（转包）、入股或者其他方式向他人流转土地经营权，并向发包方备案。同时，农业农村部会同相关部门印发《关于开展土地经营权入股发展农业产业化经营试点的指导意见》，将创新土地经营权入股（入股龙头企业和作价出资农民专业合作社）的实现形式作为发展农业产业化经营的重点任务。截至 2020 年底，全国农村土地经营权入股面积 2 926.6 万亩，其中入股合作社面积 1 703.9 万亩。

五、土地流转培育的经营主体增加

《流转意见》明确提出，要加快培育新型农业经营主体，加大对新型农业经营主体的扶持力度，鼓励地方扩大对家庭农场、专业大户、农民合作社、龙头企业、农业社会化服务组织的扶持资金规模。2017 年中共中央办公厅、国务院办公厅印发《关于加快构建政策体系培育新型农业经营主体的意见》，要求综合运用多种政策工具，与农业产业政策相结合、与脱贫攻坚政策相结合，形成比较完备的政策扶持体系，引导新型农业经营主体提升规模经营水平、完善利益分享机制，更好发挥带动农民进入市场、增加收入、建设现代农业的引领作用。2020 年国务院办公厅印发《关于防止耕地"非粮化"稳定粮食生产的意见》，要求完善粮食生产支持政策，加强对种粮主体的政策激励，支持家庭农场、农民合作社发展粮食适度规模经营，提高种粮规模效益。截至 2020 年底，全国依法登记的农民合作社达到 225.1 万家，县级以上农业产业化龙头企业超过 9 万家，其中国家重点龙头企业 1 547 家，全国家庭农场名录系统填报数量超过 300 万家。

六、土地流转壮大村集体经济明显

《流转意见》明确提出，集体经济组织要积极为承包农户开展多种形式的生产服务，通过统一服务降低生产成本、提高生产效率；土地流转给非本村（组）集体成员或村（组）集体受农户委托统一组织流转并利用集体资金改良土壤、提高地力的，可向本集体经济组织以外的流入方收取基础设施使用费和土地流转管理服务费，用于农田基本建设或其他公益性支出。同时，文件强调，没有农户的书面委托，农村基层组织无权以任何方式决定流转农户的承包地，更不能以少数服从多数的名义，将整村整组农户承包地集中对外招商经营。《农村土地经营权流转管理办法》明确，农村集体经济组织为工商企业等社会资本流转土地经营权提供服务的，可以收取适量管理费用，收取管理费用的金额和方式应当由农村集体经济组织、承包方和工商企业等社会资本三方协商确定。未来，各地需要继续在充分尊重农民的意愿的前提下，发挥好集体经济组织在土地流转中的服务作用，引导土地经营权健康有序流转。

第四节　本章小结

本章回顾了中国土地流转法律政策的演进历程和特征，从 1982 年《宪法》所规定的禁止流转土地，到 1984 年允许农村土地承包地转包，鼓励承包地向种田能手集中，实行集约经营，再到 1988 年修正《宪法》允许土地使用权依法转让，以及到 2002 年土地流转正式以法律的形式被认可确定。在这段时间内，中国农村土地流转政策经历了从"法律、政策禁止"到"法律禁止、政策松动"，再到"法律允许、政策规范"的发展路径，也使得中国土地流转经历了一个从缓慢增长到快速增长、再到规范增长的过程。通过梳理有关法律和政策文件，对土地流转的目的和意义进行归纳，总结出了土地流转有助于巩固家庭承包经营制度、提高土地资源配置效率、多渠道增加农民收入、增强农业竞争力和推进"四化"同步的政策目标。接着，分析了当前中国土地流转的发展现状，发现土地流转的面积和质量在稳步提升、流转服务平台日趋完善、流转管理和操作逐渐规范、流转形式更加丰富多样、培育的新型主体不断增加、推动村集体经济发展明显。

土地流转对农户生计
资本利用的影响分析

农户生计资本是农户生计活动选择的重要依据，土地对农户而言是一项重要的生计资本。农村土地流转为农业规模经营提供了条件，工业化和城镇化的快速发展推动着土地转出户的劳动力向城镇转移。在此过程中农村家庭的生计资本禀赋发生了明显变化，越来越多的土地流转户面临着生计转型问题，也同时牵动着农户的共同富裕实现问题。农户参与土地流转不是土地这类要素的单独配置，而会引起家庭全部生产要素的再配置，即不仅会对土地这类生计资本的利用产生变化，也会对家庭其他生计资本的利用产生影响。具体而言，土地转入户因经营规模扩大，可能会通过耕地复种方式来提高土地利用程度，也可能会增加农业机械使用来提高农业生产效率。因此，本章主要分析土地流转对耕地复种和农业机械使用这两方面生计资本利用的影响，厘清土地流转后对农户生计资本的利用产生了何种影响，以揭示农户土地流转的微观动力机制，深化对农村要素市场互动机制的理解，为分析土地流转后农户生计策略的选择奠定基础。

第一节　数据来源和模型构建

一、数据来源

研究数据来自课题组 2016 年在湖北实地调查所得，此次调查涵盖家庭人口基本信息、家庭生产经营情况、农地流转行为和农业机械使用情况等。湖北省山地占 56%，丘陵占 24%，平原湖区占 20%。为保证样本代表性，选取英山县、蕲春县、沙市区、阳新县和老河口市等 5 个县市区调研，基本能够代表湖北省的东中西部。采用随机抽样方法，在每个县市区抽取 5 个乡镇，每个乡镇抽取 2 个村，每个村抽取 35 户农户，共调查 1 750 户农户，剔除无效样本 68 份，共获得有效样本 1 682 份。

二、模型构建

（一）土地流转对农户农业机械化水平的计量模型

如果将参与土地流转的农户作为"处理组"，而将未参与土地流转的农户作为"控制组"。由于控制组和处理组的初始家庭禀赋不一，存在"样本自选择偏误"问题，故此法不行。即使控制组未来农业机械化水平低于处理组，关注的重心仍为参与土地流转农户未来农业机械化水平是否与这些农户未参与土地流转（假想）未来农业机械化水平有差别。由于土地流转参与户未参与流转的行为无法观测，这就造成了"数据缺失"问题。为此，Rubin（1974）提出"反事实框架"，称为"鲁宾因果模型"，以此模型来解决数据缺失问题。以虚拟变量 $D_i = \{0，1\}$ 表示农户 i 是否参与土地流转，1 为参与，而 0 为没有参与；y_{0i} 表示农户 i 未参加土地流转未来农业机械化水平，而 y_{1i} 表示农户 i 参加土地流转未来农业机械化水平；Y_i 表示实验的结果变量，那么反事实框架可以表示为以下模型：

$$Y_i = (1 - D_i) y_{0i} + D_i y_{1i} \qquad (4-1)$$

式（4-1）表明两种结果中的哪一种将在现实中被测到，主要取决于实验状态。用 ATT 来测度个体在实验状态下的平均处理效应，即表示个体 i 在实验状态下的观测结果与其反事实的差值，则参与土地流转农户的平均处理效应（ATT）为

$$ATT = E(y_{1i} - y_{0i} | D_i = 1) \qquad (4-2)$$

为了得到"干净"的平均处理效应，在满足均值可忽略性 $E(y_{0i} | x_i，D_i) = E(y_{0i} | x_i)$ 与 $E(y_{1i} | x_i，D_i) = E(y_{1i} | x_i)$ 的假设条件下，农户对 D_i 的选择完全取决于 x_i（可观测到的协变量），为防止存在遗漏变量问题，构建回归模型进行解决，模型表达式为

$$y_i = \beta x_i' + \gamma D_i + \varepsilon_i \qquad (4-3)$$

式（4-3）中，y_i 表示农业机械化水平；x_i' 是一组系统性协变量；D_i 表示

农户的土地是否流转；β 为协变量 x_i' 的估计系数；ε_i 为模型的误差项。为了确保处理效应估计是建立在可比个体之间的不同结果基础上的，使用 Rosenbaum 和 Rubin 提出的倾向得分匹配法进行估计。基本思路：首先，利用 Logit 模型计算每个样本农户参与土地流转的条件概率拟合值（PS 值），PS 值相近的参与土地流转的农户与未参与土地流转的农户构成共同支撑领域。

$$PS_i = \Pr[D_i=1 \,|\, x_i'] = E[D_i=0 \,|\, x_i] \qquad (4-4)$$

式（4-4）中，x_i 为可观测到的协变量。然后，将参与土地流转的农户和未参与土地流转的农户逐一匹配，确保控制组和处理组的主要特征尽可能相似。最后，利用控制组模拟处理组的反事实状态，比较农户在参与和不参与土地流转这两种互斥事实下农业机械化水平差异，差值即净处理效应。在计算得到农户土地流转的倾向值后，农业机械化水平的 ATT 表示为

$$ATT = E[y_{1i} - y_{0i} \mid D_i=1] = \frac{1}{N_t}\sum_{i \in t} y_t^i - \frac{1}{N_t}\sum_{j \in t}\lambda(p_i,p_j)y_c^j$$

$$(4-5)$$

式（4-5）中，N_t 代表土地流转农户的样本数；t 代表匹配后的实验组，c 代表匹配前的控制组；y_t^i 为处理组中第 i 个参与土地流转农户的观测值，y_c^j 为控制组中第 j 个没有参与土地流转农户的观测值；p_i 为处理组农户 i 的预测概率值，p_j 为控制组农户 j 的预测概率值；$\lambda(p_i,p_j)$ 为权重函数，不同的匹配方法有不同的权重函数。本研究尝试使用卡尺匹配、核匹配、局部线性回归匹配方法，如果不同匹配方法的估计结果差异不大，则说明模型较为稳健。

（二）土地流转对农户耕地复种的计量模型

从经验研究和现实依据来看，一方面土地流转后农业规模经营使得农业生产成本下降，在土地面积既定情况下农户会通过扩大生产规模来提高农业经营收益，而扩大生产规模的有效措施之一就是提高耕地的复种指数；另一方面受制于耕地质量和地块细碎化等农业生产环境，农户难以通过提高耕地复种指数来完成既定的农业经营计划，但能够通过土地流转的方式来改善农业生产环境。从理论层面来看，土地流转和农户耕地复种指数两

者可能存在互为因果的关系，简单采用 OLS 回归可能导致模型存在内生性问题，造成估计结果偏误。为此，Rubin（1974）提出"反事实框架"，称为"鲁宾因果模型"，以此模型来解决模型内生性问题。PSM 的基本思路为：首先，利用模型估计每个样本土地流转的条件概率拟合值，此概率即为倾向得分值（PS 值），PS 值相近的土地流转农户与土地未流转农户构成共同支撑领域。

$$PS_i = \Pr[D_i = 1 | x_i] = E[D_i = 0 | x_i] \qquad (4-6)$$

式（4-6）中，D_i 表示第 i 个农户土地的流转状态，$D_i = 1$ 表示农户参与土地流转，$D_i = 0$ 表示农户未参与土地流转；x_i 表示第 i 个农户的协变量。其次，将土地流转农户与土地未流转农户逐一匹配，确保两组特征相近。最后，利用控制组模拟处理组的反事实状态（土地未流转），比较农户在流转和未流转土地这两种互斥事实下农户耕地复种指数的差异，差值即为净处理效应。农户耕地复种指数的平均处理效应（ATT）可表示为

$$ATT = E[y_{1i} - y_{0i} \mid D_i = 1] = \frac{1}{N_t} \sum_{i \in t} y_t^i - \frac{1}{N_t} \sum_{j \in t} \lambda(p_i, p_j) y_c^j$$

$$(4-7)$$

式（4-7）中，N_t 为土地流转的农户；t 为匹配后的处理组，c 成为匹配前的控制组；y_t^i 为处理组中第 i 个土地流转农户的观测值，y_c^j 为控制组中第 j 个土地未流转农户的观测值；p_i 为处理组农户 i 的预测概率值，p_j 为控制组农户 j 的预测概率值；$\lambda(p_i, p_j)$ 为权重函数，不同匹配方法对应不同权重函数。

本研究不仅分析土地是否流转对农户耕地复种指数的影响，还进一步分析土地流转面积对农户耕地复种指数的影响，然而 PSM 方法仅适用于二元处理变量，无法处理连续性处理变量。Hirano 和 Imbens（2004）将适用于二元处理变量的 PSM 方法扩展到适用于连续性处理变量的 GPS 方法，能够在每一个处理水平上评估土地流转面积对农户耕地复种指数的影响。GPS 方法假设在控制协变量的条件下，土地流转面积对应的农户耕地复种指数相互独立，也就表明土地流转面积具有随机分布性，因此，该方法能较好解决与协变量相关可能存在的估计偏误。

广义倾向得分匹配估计有 3 个步骤。首先，在给定协变量的情况下，运用极大似然法估计连续型处理变量土地流转面积的条件概率分布 $G(T_i)$：

$$G(T_i) \mid X_i \sim N[y(\lambda X_i), \sigma^2] \tag{4-8}$$

式（4-8）中，$y(\lambda X_i)$ 为协变量 X_i 的线性函数；λ 和 σ^2 为待估参数。根据协变量 X_i 估计出广义倾向得分：

$$\hat{P}_i = \frac{1}{\sqrt{2\pi\hat{\sigma}^2}} \exp\left\{-\frac{1}{2\hat{\sigma}^2}[G(T_i) - y(\lambda X_i)]\right\} \tag{4-9}$$

其次，使用处理变量土地流转面积和式（4-9）估计出的广义倾向得分 $\hat{P}_i$ 构造模型，再求出结果变量 E_i 的条件期望（即耕地复种指数），可得：

$$E(\hat{P}_i \mid T_i, \hat{P}_i) = \gamma_0 + \gamma_1 T_i + \gamma_2 T_i^2 + \gamma_3 \hat{P}_i + \gamma_4 \hat{P}_i^2 + \gamma_5 T_i \hat{P}_i \tag{4-10}$$

式（4-9）中，γ_0、γ_1、γ_2、γ_3、γ_4、γ_5 为估计参数；$\hat{P}_i$、$\hat{P}_i^2$ 和 $T_i\hat{P}_i$ 的作用是消除模型中的内生性和样本选择偏误问题。

最后，将式（4-10）的回归结果代入式（4-5）中，进而可以得出处理变量在 t 时的结果变量的期望值：

$$\hat{E}[F(t)] = \frac{1}{N}\sum_{i=1}^{N}[\hat{\gamma_0} + \hat{\gamma_1}t + \hat{\gamma_2}t_i^2 + \hat{\gamma_3}\hat{p}(t, X_i) + \hat{\gamma_4}\hat{p}(t, X_i)^2 + \hat{\gamma_5}t\hat{p}(t, X_i)] \tag{4-11}$$

式（4-11）中，N 为样本观测值，$\hat{p}(t, X_i)$ 为处理变量的条件概率密度预测值，处理变量的取值范围 $\overline{T} = [t_0, t_1]$ 划分为 n 个子区间，在每个子区间能分别估计出土地流转面积对农户耕地复种指数的因果效应。将各取值范围下的因果效应连接起来，就可得出 $\overline{T}$ 区间内因果效应大小与土地流转面积之间的函数关系图。

第二节　土地流转对农户农业机械使用的实证分析

农业机械化是现代农业的重要标志和物质技术基础，推进农业现代化就必须要加快农业机械化发展步伐，只有这样才能真正实现乡村振兴和共同富裕。新中国成立初期，中国面临"一辆拖拉机都不能造"的窘境。到了

1978 年，农用机械总动力达到 11 749.9 万千瓦，农业耕种收综合机械化水平达到 19.66%。改革开放以来，国家继续把农业机械化发展作为农业经济提质增量的重要手段，把农业机械化作为实现农业现代化的重要内容（张宗毅和周曙东等，2009）。截止到 2023 年底，农业机械总动力达到 11 亿千瓦，主要农作物耕种收综合机械化水平为 73%，我国基本上实现了从零基础到农机大国的跨越。然而，这并不意味着中国已经完全摆脱落后的传统农业阶段而步入了现代农业发展阶段，其重要原因是中国仍未全面实现农业机械化（唐信和冯永泰，2012；张月群和李群，2012）。

学者们在分析土地流转对农业机械使用的影响时，大多都未能解决样本自选择偏误问题，即样本农户的土地流转情况并非完全随机。农户是否会选择土地流转很大程度上依据家庭特征，因此，农户自选择就造成了观测样本的非随机性，导致估计结果偏误，甚至错误结果。再者，以往学者在探讨土地流转对农业机械化水平的影响时，并没有对土地的流转方向和流转土地的类型进行区分，这也会导致研究结论不精准。那么，土地流转究竟会不会对农业机械使用产生影响呢？对这一问题的科学回答将有利于中国农业土地法律政策制定和农业机械化发展。基于此，本研究将运用反事实框架，在处理样本自选择偏误的基础上，以求得到土地流转对农业机械化水平的真实影响。

一、变量选择与描述性统计

（一）农业机械使用

本研究所指的农业机械使用情况主要为农户农业机械化水平，因此，采用农户农业机械化水平衡量农户农业机械使用情况。农业机械化水平的测度方法主要有三种，即农机总动力、农机净值和农业作物耕种收综合机械化率。前两者无法准确衡量真实的农业机械化水平，一是动力大小对农机作业水平的决定作用正在减弱，很多小动力机械也可以发挥高效能的作业能力；二是农机跨区作业已经普及，地区农机总动力不能完全代表农业机械化水平；三是获取农户层面农机总动力的数据较难。本研究主要采用农业农村部对机械化的衡量标准，即农作物耕种收综合机械化率，测算方法是机耕率、机播率和机收率的加权平均值（权重分别为 0.4、0.3、0.3），已有学者采用此法测度了农业机械化水平（彭继权和吴海涛等，2019）。表 4-1 为本模型中变量的描述性统计。

表 4-1　农业机械使用模型的变量选择及计算方法

变量含义	测度方法
是否转入土地	1＝有转入；0＝无转入
是否转入水田	1＝有转入；0＝无转入
是否转入旱地	1＝有转入；0＝无转入
是否转出土地	1＝有转出；0＝无转出
是否转出水田	1＝有转出；0＝无转出
是否转出旱地	1＝有转出；0＝无转出
农业机械化水平	机耕率×0.4＋机播率×0.3＋机收率×0.3
户主年龄	户主实际年龄（岁）
劳动力受教育年限	劳动力受教育总年限/劳动力人数
家庭人数	家庭总人口数（人）
农作物种植种类	农作物实际种植品种数（个）
粮食作物种植面积比例	主粮作物种植面积/总种植面积
家庭人均种植面积	家庭种植总面积/家庭总人数
农业机械价格	对（机耕价＋机播价＋机收价）/3 取对数
农机采纳方式	1＝自有机械；0＝购买服务
家庭务农偏好	1＝有；0＝无
地形特征	1＝平原；0＝非平原

（二）土地流转

土地流转是核心解释变量，主要分为土地转入和土地转出，再进一步细分土地类型为水田和旱地。根据农户有无土地流转情况，生成 6 种有无土地流转的虚拟变量，分别为是否转出、是否转出水田、是否转出旱地、是否转入、是否转入水田、是否转入旱地。

（三）控制变量

户主年龄：户主是家庭决策的重要角色，户主年龄会影响其生产经营行为，进而影响农业机械使用决策。劳动力受教育年限：家庭劳动力受教育水平越高，务农机会成本就越高，当家庭劳动力外出务工后，农户会增加农业机械使用来代替劳动力减少的影响。家庭人数：家庭人数越多就意味着有更多充足劳动力从事农业生产经营，从而减少对农业机械的使用。农作物种植种类：当农户的农作物种植种类较多时，为了保障农作物在不同季节的最佳生长时间，往往会选择农业机械来缩短农业播、种、收等时间。粮食作物面积比例：粮食作物更有利于农业机械操作，粮食作物面积比例越高，农户采纳农业机械的可能性越大。家庭人均种植面积：家庭种植面积越大，越有可能采用农业机械来节约农业劳动力。农业机械价格：农业机械价格越低，农户采纳农业机械的成本就越低，则农户机械化水平可能越高。农机采纳方式：农机使用的获取渠道会影响农业机械化水平，一般自有农机更能提升农业机械化水平。家庭务农偏好：农户的务农积极性越高，采用农业机械等新技术的可能性越高。地形特征：一般而言，平原地区相较于丘陵或者山区，农业机械作业的方便程度更高。具体测度方法见表4-1。

表4-2分别汇报了全部样本、转出户样本、转出水田户样本、转出旱地户样本、转入户样本、转入水田户样本和转入旱地户样本的全变量的均值。不论何种样本，都表现出转出土地、转出水田和转出旱地样本的农业机械化水平均值普遍都要小于全样本农业机械化水平均值，而转入土地、转入水田和转入旱地样本的农业机械化水平均值普遍要高于全样本农业机械化水平均值，这说明土地流转可能是影响农业机械化水平的重要因素。

表4-2　不同流转类型农户的家庭基本特征描述性统计

变量	全部样本	转出户	转出水田户	转出旱地户	转入户	转入水田户	转入旱地户
农业机械化水平	0.636	0.585	0.583	0.514	0.714	0.706	0.682
户主年龄	55.99	57.84	57.49	57.96	55.59	55.07	54.87
劳动力受教育年限	6.907	6.098	6.008	6.619	7.426	7.616	7.296
家庭人数	4.142	3.685	3.684	3.821	4.477	4.466	4.397
种植种类	2.084	1.152	1.092	1.036	2.688	2.636	3.238
粮食作物面积比例	0.725	0.426	0.428	0.342	0.812	0.856	0.721
家庭人均种植面积	3.921	1.413	1.204	1.599	7.886	8.152	6.984
农业机械价格	2.677	1.567	1.466	1.276	3.014	3.366	2.463
农机采纳方式	0.321	0.13	0.179	0.118	0.45	0.455	0.349
家庭务农偏好	0.483	0.37	0.382	0.357	0.587	0.614	0.556
地形特征	0.333	0.294	0.355	0.179	0.312	0.409	0.206

二、土地流转对农户农业机械使用的影响

(一) 样本匹配效果检验

为保证估计结果有效性，必须满足匹配平衡性假设。表4-3为转出土地的控制组和处理组的平衡性检验结果，本研究还对转入土地农户、转入旱地农户、转入水田农户、转出土地农户、转出旱地农户和转出水田农户的匹配结果进行平衡性检验，检验结果表明都满足平衡性假设，由于篇幅限制，结果未在书中列出。从表4-3可知，匹配前的控制组和处理组各特征变量存在显著差异，匹配后的控制组和处理组各特征变量几乎不存在显著差异，这说明倾向得分匹配结果比较有说服力。各特征变量匹配后的标准化偏差均小于20%，说明匹配后各变量误差消减的效果较好。由此可见，经过核密度法匹配之后，控制组和处理组的家庭特征差异基本消除，匹配结果满足平衡性要求，这也说明土地转出户控制组和处理组在农业机械化水平方面的差异确实是由土地是否转出引起的。

表4-3 农业机械使用模型的 PSM 平衡性检验结果

变量	类别	均值		偏差（%）	缩小（%）
		处理组	控制组		
户主年龄	U	57.487	55.85	13.3	99.2
	M	57.487	57.474	0.1	
劳动力受教育年限	U	6.008 1	6.993 2	−24.3	24.7
	M	6.008 1	6.749 6	−18.3	
家庭人数	U	3.684 2	4.185 4	−28.2	92.1
	M	3.684 2	3.644 7	2.2	
种植种类	U	1.092 1	2.179 1	−82.7	96.4
	M	1.092 1	1.052 6	3	
粮食作物面积比例	U	0.427 6	0.753 9	−78.6	91.2
	M	0.427 6	0.456 3	−6.9	
家庭人均种植面积	U	1.203 5	4.181 7	−68.5	100
	M	1.203 5	1.203 5	0	

（续）

变量	类别	均值		偏差（%）	缩小（%）
		处理组	控制组		
农业机械价格	U	1.465 8	2.793 3	−56.3	88.6
	M	1.465 8	1.314 6	6.4	
农机采纳方式	U	0.118 4	0.340 5	−54.6	82.2
	M	0.118 4	0.079	9.7	
家庭务农偏好	U	0.381 6	0.493 1	−22.5	76.4
	M	0.381 6	0.407 9	−5.3	
地形特征	U	0.355 3	0.330 4	5.2	−58.7
	M	0.355 3	0.394 7	−8.3	

注："U"表示未匹配，"M"表示匹配。

（二）土地流转对农业机械化水平的影响

本研究使用卡尺匹配法、核匹配法和局部线性回归匹配法分别估计是否转出土地、是否转入土地、是否转出旱地、是否转入旱地、是否转出水田和是否转入水田对农业机械化水平的平均处理效应，采用多种匹配方法进行估计也能够对模型进行稳健性检验。表4-4为土地转入和土地转出对农业机械化水平的估计结果，从土地转入对农业机械化水平的平均处理效应来看，在匹配前，土地转入会使农业机械化水平显著提升13.53%，采用3种匹配方法估计后，土地转入对农业机械化水平的影响依然显著。卡尺匹配法、核匹配法和局部线性回归匹配法估计的 ATT 值分别为 9.17%、10.44% 和 10.21%。总体而言，在采用倾向得分匹配法消除了控制组和处理组的样本差异后，净效应 ATT 的平均系数为 9.94%，相比基准回归的影响系数有所缩小。由此可知，样本自选择偏误确实会对估计结果产生一定影响。可能原因是土地转入会增加农户实际种植面积，促进农户平整土地，方便农业机械作业。

从土地转出对农业机械化水平的平均处理效应来看，在匹配前，土地转出会使农业机械化水平显著降低20.62%，匹配后，3种匹配法的 ATT 值分别降为 9.35%、9% 和 9.86%，且都在 5% 水平上显著。由此可知，样本自选择偏误会高估土地转出对农业机械化水平的影响，通过匹配消除控制组和处理组的样本差异后，净效应 ATT 的平均系数为 9.4%，说明农户转入土地越多，农户从事农业生产经营活动的积极性越大，对农业机械的使用也就越多。另外，土地的转入效应大于土地的转出效应，这可能是因为土地规模效益导致土地流入对农业机械化水平的提升效应大于土地转出对农业机械化水平的降低效应。

表 4-4　土地转入和土地转出对农业机械化水平的 PSM 估计

类型	方法	处理组	控制组	ATT 值	标准误
土地转入	未匹配	0.525 1	0.389 8	0.135 3***	0.039 4
	匹配 1	0.525 1	0.433 5	0.091 7**	0.039 7
	匹配 2	0.525 1	0.420 7	0.104 4**	0.039 4
	匹配 3	0.525 1	0.423	0.102 1**	0.046 7
土地转出	未匹配	0.222 4	0.428 6	−0.206 2***	0.042 2
	匹配 1	0.222 4	0.315 9	−0.093 5**	0.038 5
	匹配 2	0.222 4	0.312 4	−0.090 0**	0.038 8
	匹配 3	0.224 8	0.321	−0.098 6**	0.041 4

注：匹配 1 为卡尺匹配法，匹配 2 为核匹配法，匹配 3 为局部线性回归匹配法。*、**、***分别代表 10%、5%、1% 水平的显著性。

（三）不同类型土地转入对农业机械化水平的影响

表 4-5 为不同类型土地转入对农业机械化水平的估计结果。从水田转入对农业机械化水平的平均处理效应来看，匹配前，水田转入在 5% 水平上对农业机械化水平有显著正向影响，水田转入使农业机械化水平提高 10.21%。匹配后，3 种匹配法的 ATT 值分别下降为 10.04%、10.56% 和 9.92%，且各系数的显著性保持不变，净效应 ATT 的平均系数为 10.17%。由此可知，样本自选择偏误会高估水田转入对农业机械化水平的影响，通过匹配消除控制组和处理组的样本偏差后的估计结果较为合理，且匹配结果较为稳健。

从旱地转入对农业机械化水平的平均处理效应来看，匹配前，旱地转入对农业机械化水平有正向影响，但并不显著。匹配后，3 种匹配法的净

效应 ATT 的平均系数为 3.71%，且 3 种估计系数依然不显著，这说明旱地转入对农业机械化水平没有产生显著影响并不是由样本自选择偏误造成的。但我们依然可以得出，土地转入会对农业机械化水平的提升有显著正向影响，水田转入比旱地转入对农业机械化水平提升幅度更大，可能原因是水田的平整成本更低，更能降低农业机械作业的难度系数，且水田对农业机械使用的需求更高，因此，水田转入对农户提高农业机械使用程度的可能性会更大。

表 4-5　水田转入和旱地转入对农业机械化水平的 PSM 估计

类型	方法	处理组	控制组	ATT 值	标准误
水田转入	未匹配	0.498 5	0.396 4	0.102 1**	0.043 4
	匹配 1	0.498 5	0.398 1	0.100 4**	0.043 1
	匹配 2	0.498 5	0.392 9	0.105 6**	0.052
	匹配 3	0.525 1	0.425 9	0.099 2**	0.048 7
旱地转入	未匹配	0.442 4	0.404	0.038 5	0.050 7
	匹配 1	0.442 4	0.403	0.039 5	0.046 9
	匹配 2	0.442 4	0.419	0.023 4	0.046 9
	匹配 3	0.442 4	0.394 1	0.048 4	0.053 8

注：匹配 1 为卡尺匹配法，匹配 2 为核匹配法，匹配 3 为局部线性回归匹配法。 *、**、*** 分别代表 10%、5%、1% 水平的显著性。

（四）不同类型土地转出对农业机械化水平的影响

表 4-6 为不同类型土地转出对农业机械化水平的估计结果。从水田转出对农业机械化水平的平均处理效应来看，匹配前，水田转出会使农业机械化水平显著降低 21.9%。匹配后，3 种匹配法的 ATT 值分别为 9.51%、9.52% 和 10.08%，匹配后的 ATT 值比匹配前的 ATT 值下降较大，且都在 5% 水平上显著。通过匹配消除控制组和处理组的样本偏差后，净效应 ATT 的平均效应为 9.7%，说明样本自选择偏误会高估水田转出对农业机械化水平的影响。

从旱地转出对农业机械化水平的平均处理效应来看，匹配前，旱地转出

会使农业机械化水平显著降低 24.97％。匹配后，3 种匹配法的 ATT 估计
值分别降为 9.08％、9.23％和 8.18％，净效应 ATT 的平均效应为 8.83％，
说明样本自选择偏误严重高估了旱地转出对农业机械化水平的影响。综上所
述，水田转出和旱地转出都会对农业机械化水平产生显著负向影响，且水田
转出对农业机械化水平下降的影响更大，可能原因是水田种植更有利于提升
农业的机械化水平，这也正好佐证了前文土地转入中水田转入对机械化水平
提升的影响更大。

表 4-6　水田转出和旱地转出对农业机械化水平的 PSM 估计

类型	方法	处理组	控制组	ATT 值	标准误
水田转出	未匹配	0.206 9	0.425 9	−0.219 0***	0.046
	匹配 1	0.206 9	0.307 8	−0.095 1**	0.041 6
	匹配 2	0.206 9	0.307 2	−0.095 2**	0.042 3
	匹配 3	0.206 9	0.325 4	−0.100 8**	0.041 9
旱地转出	未匹配	0.206 9	0.425 9	−0.249 7***	0.046
	匹配 1	0.165 1	0.255 8	−0.090 8*	0.054 2
	匹配 2	0.165 1	0.257 4	−0.092 3*	0.051 4
	匹配 3	0.165 1	0.246 9	−0.081 8	0.058 8

注：匹配 1 为卡尺匹配法，匹配 2 为核匹配法，匹配 3 为局部线性回归匹配法。＊、＊＊、＊＊＊
分别代表 10％、5％、1％水平的显著性。

第三节　土地转入对农户耕地复种的实证分析

食为政首，粮安天下。中国政府一直坚持将 14 亿人的饭碗牢牢端在自
己手中，自全球暴发新冠疫情以来，多国为求自保开始增加粮食储备和减
少粮食出口。在国际环境如此恶劣的情况下，中国仍能保障国内粮食供给
稳定，再次证明实施粮食安全战略的正确性。通过实行最严格的耕地保护
制度，中国粮食生产能力得到不断提升，但仍存在不少问题。一方面城镇
化的快速推进挤占了大量耕地，农村劳动力外出务工和农业劳动者老龄化
加剧了耕地抛荒问题；另一方面随着农业生产技术水平的提升，粮食单产

开始显现"天花板效应"（吴文斌和唐华俊等，2010）。农业增产无外乎从扩大耕地面积、提升单产水平和提高耕地集约化程度三大途径着手，在耕地资源有限和单产提升乏力的背景下保障国家粮食安全，仍需不断提高耕地集约化程度，耕地复种是在时间和空间上加强耕地集约化利用最简单有效的措施之一。2020 年政府工作报告强调"稳定粮食播种面积和产量，提高复种指数"，守住包括保粮食能源安全的"六保"底线。实际上，研究表明中国近年农业增收的 1/3 由耕地复种所贡献，但由于农业比较效益下降等多方面原因，导致农户放弃复种生产方式的现象不断涌现（何文斯和吴文斌等，2016）。为继续落实好国家粮食安全战略，研究当前农户耕地复种受何种因素制约，如何促进农户提高耕地复种指数具有重要的现实意义。

综上所述，目前关于耕地复种指数影响因素的研究比较丰富，但大多是基于宏观数据和区域视角进行研究。耕地复种行为归根结底是单个农户的生产方式，使用宏观数据只能总体上把握影响区域复种指数的宏观因素，难以精准分析影响农户耕地复种指数的微观因素，且掩盖了区域内农户的异质性。随着农村土地流转规模和集约化程度的不断提高，农业的生产条件和作业方式发生了较大变化，这些变化势必会在一定程度上影响原有的耕作制度，但目前鲜有学者从土地流转视角探究耕作制度的变化。那么，农户的耕地复种行为是否会因土地流转受到影响，这一问题的科学回答将有利于国家制定更为合理的农村土地法律政策和耕作制度。基于此，本研究利用湖北实地调研的微观农户数据，构建农户个体层面的反事实框架，探究不同类型土地流转对农户耕地复种指数的影响。另外，为保证模型估计结果的有效性和准确性，运用 PSM 和 GPSM 方法尽可能消除模型中可能存在的估计偏误等干扰因素，以期通过准确分析为土地法律政策制定和耕作制度调整提供支撑。

一、变量选取与描述性统计

（一）耕地复种

复种是在同一耕地上一年种收一茬以上作物的种植方式。复种有两个作用，一是通过若干季作物种植提高耕地的利用程度；二是通过收获若干季作物提高耕地的产出效果（吴文斌和余强毅等，2018）。复种指数有明确的计算方法：耕地复种指数＝（全年农作物总收获面积/耕地面积）×100％。表4－7为本模型中变量的描述性统计。

表4－7　耕地复种模型的变量选择及计算方法

变量	计算方法	均值	标准差
耕地复种	全年农作物总收获面积/耕地面积	1.25	0.582
是否转入土地	1＝是；0＝否	0.324	0.469
是否转入水田	1＝是；0＝否	0.271	0.446
是否转入旱地	1＝是；0＝否	0.171	0.378
转入土地面积	实际面积（公顷）	0.149	3.774
转入水田面积	实际面积（公顷）	0.116	3.391
转入旱地面积	实际面积（公顷）	0.049	2.218
家庭劳动人数	实际值（人）	2.467	1.629
农业机械数	实际值（台）	0.957	1.485
种植品种数量	实际值（个）	1.862	1.558
粮食面积占比	粮食面积/播种面积	0.574	0.444
农业收支比	农业收入/农业投资	1.591	1.582
农产品价格	平均价格（元）	1.22	1.138
气候异常	1＝有；0＝无	0.791	0.408
地形特征	1＝平原；0＝非平原	0.124	0.33
每公顷流转费	实际值（万元）	0.729	0.215
要素利用率	农业产值/成本	1.284	1.004

（二）土地流转

本节主要分析土地转入对耕地复种指数的影响，从是否转入土地和转入土地面积两方面来考察，并将土地流转类型细分为水田和旱地，最终生成3种是否转入土地的虚拟变量和3种转入土地面积的连续变量，分别为是否转入土地、是否转入水田、是否转入旱地、转入土地面积、转入水田面积、转入旱地面积。

(三) 控制变量

耕地复种一般会增加家庭劳动用工数量和时间，家庭劳动人数也会直接影响农业生产经营决策，进而影响农户复种行为。农业机械数量能有效提高农业生产效率，减少农业生产作业环节的时间，避免因农业生产作业时间过长而耽误耕地复种的时机。不同农作物生长的时间和条件都不一致，农户种植的品种数量差异会造成耕地复种指数的不同，一般生长周期越短的作物，其耕地复种的可能性更高。一般而言，同一地块上粮食作物和经济作物的复种指数应有差异，大部分经济作物的生长周期会小于粮食作物的生长周期，因此，粮食面积占比提高可能会减少耕地的复种程度。农户是独立的生产经营单位，其生产经营决策都是依据经营收益来制定，只有当耕地复种后的农业收益为正时，农户耕地利用的积极性才会提高。农产品价格是直接刺激农户生产积极性的重要因素，农产品价格越高，农户越有可能提高耕地的复种指数。农业生产需要良好的生产环境，积温和降雨等气候异常变化会不利于农业作物的生产，也就直接影响农户耕地复种的积极性。不同地形生产条件的差异会导致复种指数有所不同，一般平原地区耕地的生产条件较好，更有利于农户采用耕地复种方式。

二、土地转入对农户耕地复种的影响

(一) 样本匹配效果检验

在 PSM 估计之前，样本必须通过匹配平衡性检验。表 4-8 为转入土地的控制组和处理组的平衡性检验结果，本研究也检验了转入旱地农户和转入水田农户匹配结果的平衡性，检验结果显示都满足平衡性假设，限于篇幅，未在书中列出。从表 4-8 可知，匹配前的控制组和处理组中特征变量存在较大差异，匹配后其差异基本消除。匹配后特征变量的标准化偏差大都小于10%，说明匹配效果较好。由此可知，半径匹配能消除控制组和处理组的特征差异，也说明控制组和处理组耕地复种指数的差异确实是由土地是否转入造成。

表 4-8　耕地复种模型的 PSM 平衡性检验结果

变量	类别	均值		偏差（%）	缩小（%）
		处理组	控制组		
家庭劳动人数	U	2.961	2.421	37.2	82.3
	M	2.944	3.040	-6.6	
农业机械数	U	1.688	0.845	57.1	98.1
	M	1.611	1.627	-1.1	
种植品种数量	U	0.969	0.907	25.7	87.1
	M	0.968	0.960	3.3	
粮食面积占比	U	0.808	0.732	23.4	54.7
	M	0.808	0.843	-10.6	
农业收支比	U	2.523	2.648	-3.5	40.2
	M	2.479 6	2.405	2.1	
农产品价格	U	1.527	1.310	24.3	99.0
	M	1.507	1.504	0.3	
气候异常	U	0.820	0.760	14.9	73.9
	M	0.825	0.810	3.9	
地形特征	U	0.328	0.155	41.2	90.8
	M	0.325	0.310	3.8	

注："U"表示未匹配，"M"表示匹配。

（二）土地转入对农户耕地复种指数的 PSM 估计

为检验估计模型的稳健性，本研究使用 4 种匹配方法分别估计是否转入土地、是否转入水田和是否转入旱地对耕地复种指数的平均处理效应，具体结果见表 4-9。从是否转入土地对农户耕地复种指数的平均处理效应来看，匹配前土地转入会使耕地复种指数显著提升 32.2%，采用 4 种匹配方法估计后，土地转入对耕地复种指数的影响依然显著，匹配 1 至匹配 4 估计的平均处理效应 *ATT* 值依次为 24.8%、24.4%、25.3% 和 23%。总体而言，通过匹配法消除样本差异后，土地转入净效应 *ATT* 值的平均系数为 24.4%，要小于未匹配时的回归系数，说明样本偏误确实会高估土地转入的效应。

表 4 - 9 土地流转对复种指数的 PSM 估计

类别	方法	处理组	控制组	ATT 值	标准误
是否转入土地	未匹配	1.156	0.834	0.322***	0.044
	匹配 1	1.16	0.912	0.248***	0.062
	匹配 2	1.159	0.915	0.244***	0.062
	匹配 3	1.161	0.909	0.253***	0.077
	匹配 4	1.156	0.926	0.230***	0.05
是否转入水田	未匹配	1.234	0.867	0.366***	0.05
	匹配 1	1.234	0.924	0.310***	0.086
	匹配 2	1.238	0.924	0.314***	0.089
	匹配 3	1.233 7	0.937	0.297**	0.125
	匹配 4	1.234	0.961	0.273***	0.076
是否转入旱地	未匹配	1.133	0.866	0.267***	0.052
	匹配 1	1.133	0.892	0.241***	0.072
	匹配 2	1.13	0.943	0.187***	0.07
	匹配 3	1.13	0.913	0.218***	0.084
	匹配 4	1.133	0.963	0.170***	0.064

注：匹配 1 为半径匹配法、匹配 2 为核密度匹配法、匹配 3 为局部线性匹配法和匹配 4 为马氏匹配法。*、**、*** 分别代表 10%、5%、1%水平的显著性。

从是否转入水田对农户耕地复种指数的平均处理效应来看，匹配前水田转入会使耕地复种指数显著提升 36.6%。匹配后，4 种匹配法的估计结果都通过显著性检验，估计的 ATT 值依次为 31%、31.4%、29.7%和 27.3%，净效应 ATT 值的平均系数为 29.9%，说明样本选择偏误高估了水田转入对耕地复种指数的影响。从是否转入旱地对农户耕地复种指数的平均处理效应来看，匹配前旱地转入会使耕地复种指数显著提升 26.7%。匹配后，4 种匹配法估计所得的 ATT 值依次为 24.1%、18.7%、21.8%和 17%，且都通过显著性检验，净效应 ATT 值的平均系数为 20.4%，依然说明样本选择偏误会高估旱地转入的影响效应。

综合可知，通过匹配法消除样本选择偏误后，土地转入对农户耕地复种指数依然有显著的正向作用，水田转入比旱地转入对农户耕地复种指数提升作用更大，可能原因是水田转入更能方便农户使用农业机械，农业机械提高能有效减少农业生产作业时间，保障农作物"收获—种植"的有效衔接；另外，水田农业机械使用成本一般会低于旱地农业机械使用成本，水田作物中大部分粮食作物也能获得国家农业补贴，农户从成本收益角度也会更倾向于在水田地块中采取复种行为。

（三）土地转入面积对农户耕地复种指数的 GPSM 估计

1. 广义倾向得分匹配估计的平衡性检验

PSM 仅能估计出处理变量为虚拟变量时的净效应，不能求得处理变量为连续变量时的净效应，也就是说 PSM 只能辨别土地是否转入对耕地复种指数的影响，但不能得出不同土地转入面积对耕地复种指数的影响程度，后者可能更具有现实指导意义，因此拟采用 GPSM 模型估计出土地转入面积在不同处理水平下的净效应。运用 Fractional Logit 模型估计广义倾向得分，并对经广义倾向得分调整匹配后的样本进行平衡性检验，检验结果见表 4-10 至表 4-12。由 Fractional Logit 模型估计结果可知，所有自变量对农户耕地复种指数存在显著影响，说明模型中选取的控制变量较为合理。此外，根据估计参数的性质可知，除气候异常变量与耕地复种指数呈负相关以外，其他自变量与耕地复种指数呈正相关，限于篇幅，书中未列出 Fractional Logit 模型估计结果。

表 4-10　土地转入面积广义倾向得分匹配平衡性检验

变量	[0, 0.1]	(0.1, 0.5]	(0.5, 1]
家庭劳动人数	0.217	−0.088	−0.822
	(0.153)	(0.158)	(0.718)
农业机械数	0.338	−0.141	−0.118
	(0.203)	(0.098)	(0.421)
种植品种数量	0.032	−0.049	−0.077
	(0.036)	(0.037)	(0.149)
粮食面积占比	0.005	−0.027	−0.124
	(0.039)	(0.043)	(0.189)
农业收支比	0.309	−0.311	1.269
	(0.537)	(0.525)	(2.034)

（续）

变量	[0, 0.1]	(0.1, 0.5]	(0.5, 1]
农产品价格	0.251	−0.284	−0.209
	(0.173)	(0.182)	(0.476)
气候异常	−0.054	0.031	0.053
	(0.052)	(0.052)	(0.211)
地形特征	−0.015	−0.001	−0.18
	(0.032)	(0.034)	(0.152)

注：括号中的数字为标准误。

参考 Hirano 和 Imbens（2004）的平衡性检验法，考虑到土地转入面积极值化取值在 [0，1] 区间上主要集中在中部，本研究根据细分处理强度较小区间、粗分处理强度较大区间的原则，选取处理强度 0.1 和 0.5 作为临界值。根据临界值可将样本分为 3 组，并检验匹配后样本在 3 个子区间的各匹配变量条件均值差异。平衡性检验结果显示，在 3 个子区间内各匹配变量的平均偏差双尾 T 检验基本上不显著，说明各匹配变量匹配后不与处理变量土地转入面积相关，也说明各匹配变量在匹配后不存在系统性差异，匹配结果满足平衡性假定。

表 4-11　水田转入面积广义倾向得分匹配平衡性检验

变量	[0, 0.1]	(0.1, 0.5]	(0.5, 1]
家庭劳动人数	−0.179	0.14	−0.539
	(0.217)	(0.222)	(0.352)
农业机械数	0.096	−0.14	−0.044
	(0.124)	(0.132)	(0.158)
种植品种数量	0.054	−0.059	−0.098
	(0.046)	(0.052)	(0.085)
粮食面积占比	0.069	−0.039	−0.208
	(0.046)	(0.055)	(0.103)
农业收支比	−0.025	0.033	−0.096
	(0.731)	(0.742)	(1.064)

（续）

变量	[0，0.1]	(0.1，0.5]	(0.5，1]
农产品价格	0.14	−0.183	0.052
	(0.161)	(0.173)	(0.254)
气候异常	0.086	−0.075	−0.065
	(0.075)	(0.078)	(0.110)
地形特征	0.024	0.034	0.012
	(0.070)	(0.066)	(0.096)

注：括号中的数字为标准误。

表 4-12　旱地转入面积广义倾向得分匹配平衡性检验

变量	[0，0.1]	(0.1，0.5]	(0.5，1]
家庭劳动人数	0.149	−0.061	−0.236
	(0.257)	(0.341)	(0.400)
农业机械数	0.025	−0.123	−0.513
	(0.152)	(0.306)	(0.279)
种植品种数量	0.034	−0.048	−0.093
	(0.059)	(0.068)	(0.083)
粮食面积占比	−0.021	0.091	0.06
	(0.067)	(0.092)	(0.103)
农业收支比	0.668	−0.854	0.031
	(0.913)	(0.910)	(1.167)
农产品价格	0.222	−0.892*	−0.083
	(0.143)	(0.233)	(0.235)
气候异常	−0.062	0.229	0.057
	(0.082)	(0.200)	(0.117)
地形特征	0.021	0.145*	0.004
	(0.023)	(0.080)	(0.036)

注：括号中的数字为标准误。

利用上一步的估计结果再测度出结果变量农户耕地复种指数的条件期望，为更好地拟合耕地复种指数，同时采用二阶逼近式和三阶逼近式估计方法，发现二阶逼近式的估计效果更好。二阶逼近式的估计结果显示，土地流转面积及其平方的估计系数通过了1‰水平的显著性检验，倾向得分变量及其平方的估计系数通过了1‰水平的显著性检验，两者交互项通过了1‰水平的显著性检验，限于篇幅，二阶逼近式估计结果未列出。因此，由于都通过了显著性检验，式（4-10）中无需剔除任何变量，并以此为基础进行第三步估计。

2. 广义倾向得分匹配处理效应的估计结果

第三步估计被视为GPS估计的核心结果，根据公式估计土地转入面积在不同处理水平上农户耕地复种指数的期望值及其边际变化，估计结果见表4-13和表4-14。采用二阶逼近估计法回归，发现土地转入面积、水田转入面积和旱地转入面积的处理效应一直为正，且三者的处理效应随着转入面积的提高而呈现不断增加的趋势，但不同处理水平上的边际效应有所差异。总体而言，标准化土地转入面积在0~0.4处理水平上，即真实土地转入面积在0~0.247公顷时，增加土地转入面积会显著提高农户耕地复种指数，但提升效果不够明显；当标准化土地转入面积超过0.4处理水平时，土地转入面积的处理效应提升较为明显，说明土地转入对提高农户耕地复种指数存在边际效用递增的作用，水田转入和旱地转入也基本遵循此规律。可能原因是土地转入对农户耕地复种指数存在一定的门限值，只有超过转入门限值后土地规模经营对耕地复种指数提升的效果更加明显，或者说，当土地转入面积较小时，农业规模经营增加的效益还不足以吸引农户采取复种程度更高的种植行为。

表4-13　土地转入面积广义倾向得分匹配处理效应的估计系数

处理水平	面积（公顷）	处理效应	标准误
0.1	0.08	0.260***	0.097
0.2	0.167	0.503***	0.133
0.3	0.207	0.970***	0.132
0.4	0.247	1.662***	0.111
0.5	0.3	2.578***	0.094
0.6	0.387	3.719***	0.098

（续）

处理水平	面积（公顷）	处理效应	标准误
0.7	0.427	5.083***	0.114
0.8	0.52	6.672***	0.119
0.9	0.593	8.485***	0.113
1	0.667	10.523***	0.145

注：*、**、***分别代表10%、5%、1%水平的显著性。

从不同类型土地转入来看，不同处理水平上水田转入的边际效应明显高于旱地转入的边际效应，且水田转入的边际效应递增趋势更明显。可能原因是旱地一般具有细碎化、坡陡和耕作层较薄等特点，导致农业机械作业难度更大，转入后的土地综合治理成本较高，而水田较少存在以上问题，转入后的土地综合治理成本也更低。另外，水田地块作物的农业生产率和经济价值也会高于旱地，因此，农户会更多在水田地块上进行复种。

表4-14 水田和旱地转入面积广义倾向得分匹配处理效应的估计系数

处理水平	水田转入			旱地转入		
	面积（公顷）	处理效应	标准误	面积（公顷）	处理效应	标准误
0.1	0.093	0.368***	0.125	0.06	0.155***	0.064
0.2	0.18	0.668***	0.164	0.14	0.242***	0.077
0.3	0.22	1.298***	0.162	0.187	0.478***	0.073
0.4	0.26	2.257***	0.139	0.233	0.863***	0.069
0.5	0.32	3.545***	0.118	0.287	1.395***	0.077
0.6	0.407	5.162***	0.121	0.373	2.076***	0.093
0.7	0.447	7.108***	0.138	0.407	2.905***	0.105
0.8	0.547	9.384***	0.146	0.507	3.882***	0.09
0.9	0.607	11.989***	0.138	0.58	5.008***	0.057
1	0.693	14.922***	0.166	0.653	6.282***	0.08

注：*、**、***分别代表10%、5%、1%水平的显著性。

根据公式估计的期望值及其边际效应值，分别可以得出土地转入面积、水田转入面积和旱地转入面积的处理效应函数，见图4-1。图4-1中的实线表示土地转入面积与农户耕地复种指数的函数关系，另外两条虚线分别代表 GPS 估计函数 95％的置信上限和置信下限，该值是通过自举法（Boot-strap）重复 500 次所得，图中应重点关注中间实线。图 4 - 1 显示各类土地转入面积对农户耕地复种指数提升都起到促进作用，且水田转入的提升作用最大。

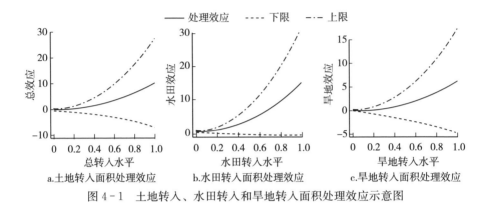

图 4 - 1　土地转入、水田转入和旱地转入面积处理效应示意图

三、土地转入对农户耕地复种的作用机制

根据前文分析，土地转入确实会对农户耕地复种指数有显著的正向影响，但是土地转入影响农户耕地复种行为的作用机制还有待进一步检验。由前文理论机理分析可得，作为理性经济人的农户在考虑土地转入的经济效益时，土地转入可能通过两条路径影响农户的耕地复种行为：一是每公顷流转费会促进农户提高耕地复种指数；二是土地转入后的规模效益会提高耕地要素利用率，从而节约单位成本和增加农业收益，提高农户复种的积极性。基于此，借鉴彭继权和吴海涛等（2018）的调节效应和中介效应检验步骤，分别检验以上两种作用路径的存在性。其一，检验土地转入能否通过土地流转费用反作用路径来提高耕地复种指数，因变量为农户耕地复种指数，自变量为土地转入面积，中介变量为土地流转费用。理论上来说，如果土地流转费用起到调节作用，则可以认为土地流转费用上升会促进土地转入面积提升农户耕地复种指数。其二，检验土地转入能否通过要素集约率来提高耕地复种指数，因变量为农户耕地复种指数，自变量为土地转入面积，中介变量为要素利用率。

（一）流转费用反作用路径的调节效应检验

表 4 - 15 中回归（1）、（2）、（3）和（5）的因变量为复种指数，回归（4）的因变量为要素利用率。回归（1）表明土地转入面积和每公顷流转费都对农户耕地复种有显著的正向影响，回归（2）表明土地转入面积和土地流转费用的交互项对农户耕地复种指数有显著的正向影响，说明土地流转费用的提高会促进土地转入面积对农户耕地复种指数的正向影响，土地流转费用起到了调节作用。从两个回归模型的判定系数可知，加入交互项后模型的判定系数更高，也证实了土地流转费用发挥了调节作用。土地流转费用的上升迫使农户提高土地利用率的行为，在一定程度上解释了为何土地转入后耕地复种指数会得到提升，但此现象并非土地流转的"合意产出"。在考虑农户经营收益和避免土地过度化利用的情况下，对市场上的土地流转费用应该加以规范和指导。

（二）要素集约促进路径的中介效应检验

从表 4 - 15 中回归（4）的估计结果可知，土地转入面积能够显著提升耕地的要素利用率，回归（5）表明在控制了土地转入面积后，要素利用率这个中介变量依然对农户耕地复种指数具有显著的促进作用。由于回归（3）至（5）中的回归系数都通过了显著性检验，可以得出要素利用率变量起到了中介效应，但仅为部分中介效应。经过计算可知，要素集约的中介效应占总效应的比重为 8.9%。因此，可以说明土地转入面积对农户耕地复种指数的影响大约有 8.9% 是通过要素集约的中介作用实现的，即土地转入所产生的规模效益会提高农业的要素利用水平，相对降低了农业生产成本，促使农户提升耕地复种程度。

表 4 - 15　土地转入面积对农户耕地复种指数的作用机制

变量	流转费用反作用路径		要素集约促进路径		
	回归（1）	回归（2）	回归（3）	回归（4）	回归（5）
转入土地面积	0.153**	0.214***	0.147**	0.082*	0.145**
	(0.070)	(0.054)	(0.074)	(0.049)	(0.075)
每公顷流转费	0.037**	0.936***	—	—	—
	(0.016)	(0.056)			

（续）

变量	流转费用反作用路径		要素集约促进路径		
	回归（1）	回归（2）	回归（3）	回归（4）	回归（5）
转入土地面积×每公顷流转费	—	0.910***	—	—	—
		(0.060)			
要素利用率	—	—	—	—	0.160***
					(0.031)
控制变量	YES	YES	YES	YES	YES
常数	−0.174***	−1.143***	−0.164***	−0.055***	0.553***
	(0.071)	(0.077)	(0.075)	(0.002)	(0.026)
R^2	0.468	0.469	0.465	0.441 2	0.155

注：括号中的数字为稳健标准误。*、**、*** 分别代表10%、5%、1%水平的显著性。

　　在中国人多地少的现实环境下，农户长期细碎化的土地经营模式难以充分发挥土地规模效应带来的作用，导致小规模经营农户陷入了难以有效对接大市场实际需求的窘境。随着城镇化的有序推进，农业土地已经并非农户收入的主要来源，这使得农村人口和耕地资源的配置状况发生了极大变化，土地承包经营权流转已经成为一种现实需求和趋势。土地流转一般会改变农业的生产环境和经济效应，也会带来农户农业生产行为的变化，这些变化势必会在一定程度上影响原有的耕作复种制度。

　　但目前鲜有学者从土地流转视角探究耕作复种制度的变化，大多还是从资源要素层面、家庭禀赋层面、国家政策层面和农业市场层面探讨耕地复种制约因素。本研究就是从不同类型土地流转视角探究耕地复种的制约因素，且对其作用机理进行检验，在一定程度上丰富和发展了土地流转方面的研究。再者，本研究采用倾向得分匹配法和广义倾向得分匹配法对模型进行估计，有效解决了因样本自选择而导致的估计偏误问题，使估计结果更加真实可靠，且能同时估计出核心变量为虚拟变量和连续变量时的处理效应，在一定程度上弥补了运用处理模型不能得出连续变量处理效应的不足。另外，众多学者都没有对流转土地的类型进行区分，笼统分析虽然也能估计出土地流转的整体效果，但不精细的分析不利于政策制定。本研究采用课题组收集的实地调研数据，把流转土地划分为水田和旱地进行分析，将更具有现实意义。

　　能够直接用于农业生产的土地包括耕地、林地、草地和养殖水面等，本研究没有讨论林地和草地等其他非耕地流转对农户耕地复种指数的影响，主要原因如下：一是本研究的研究对象为微观个体农户，对于大多数农户而言，水田和旱地这两类生计资本要比草地和林地等其他土地资本对普通农户的生计活动更为重要，且湖北普通农户经营农业的生计资本主要为水田和旱地；二是湖北普通农户拥有林地和草地的规模一般较小，林地和草地更多集中在专业大户手中，专业大户不能与普通农户等同分析，故本研究所调查农户都没有经营草地和林地等非耕地，书中也没涉及林地和草地流转的分析。另外，本研究运用湖北数据实证分析得出，土地流转对农户农业机械化水平有显著影响，在一定程度上验证了本研究所提出的土地流转对农户耕地复种指数的理论机制，至于此作用机理是否适用于全国层面，还需要进一步使用其他地区的数据加以验证，这也是下一步研究的重点。

第四节　本章小结

　　本章采用实证分析方法分析了土地流转对耕地复种和农业机械使用的影响，以厘清土地流转对农户生计资本利用的影响。在农业现代化发展的时代背景下，农业机械化水平是农业现代化的重要体现，是乡村振兴的重要推动力。由土地流转对农业机械化水平影响实证结果表明：土地流转对农业机械化水平有显著影响，其中，土地转入会提升农业机械化水平的9.94％，土地转出会使农业机械化水平降低9.4％；从不同类型土地转入来看，水田转入会使农业机械化水平显著提升10.21％，旱地转入会使农业机械化水平提升3.71％，但并不显著；从不同类型土地转出来看，水田转出会降低农业机械化水平的9.7％，旱地转出会降低农业机械化水平的8.83％。不论是从整体土地流转来看，还是对不同类型土地流转而言，土地转入效应大于土地转出效应，可能是规模经营作用的结果。

　　由土地转入对农户耕地复种指数影响的实证结果表明：由PSM估计可得，土地转入对农户耕地复种指数有显著的正向影响，其中，土地转入、水田转入和旱地转入会分别显著提升农户耕地复种指数 24.4%、29.9% 和 20.4%；从 GPSM 估计可得，土地转入面积、水田转入面积和旱地转入面积对农户耕地复种指数有显著正向影响，三者同时存在规模报酬递增效应，即耕地复种指数提高的比例要比转入面积提高的比例更大，且水田转入面积的规模报酬递增效应更明显。总之，土地转入能够促进农户提升耕地复种指数，且水田转入效果更加明显，也就意味着水田转入更能促进耕地集约化利用和保障粮食安全。从作用机制检验来看，土地转入能够通过每公顷流转费反作用路径和要素集约促进路径提升农户耕地的复种程度，每公顷流转费起到调节作用，要素集约起到中介作用，中介效应的大小为 8.9%。总体来看，土地流转提升了农户生计资本的利用水平，对耕地利用程度和农业机械采用都有显著提升。

土地流转对农户生计策略
选择的影响分析

在替代性生计选择缺乏的农村，耕种土地长期以来是农户的主要生计活动，也在农户增收和农村减贫中发挥着重要作用。随着土地流转规模的不断提高，以耕种土地为主的生计格局也随之变化。农户作为农村社会中的基本决策单位，其生计问题关系到社会稳定和农村发展，分析土地流转户的生计策略选择发生了何种变化，对制定土地流转政策和推动农户生计可持续性具有重要意义。通常而言，土地流转对土地转出户和土地转入户的生计资本会产生不同的影响，也相应会对这两类农户生计策略选择的影响有所不同，土地转入户的生计策略在土地流转后依然侧重在农业经营，需要更多关注农业经营情况；而土地转出户的生计策略在土地流转后会脱离农业，需要更多关注非农生产经营情况。因此，本章主要分析土地流转对土地转入户种植结构、转出户非农就业的影响，以期厘清土地流转对这两类农户生计策略选择的影响差异，为分析农户福祉奠定基础。

第一节　数据来源和模型构建

一、数据来源

（一）研究区概况

湖北省位于中国中部偏南，在北纬 29°05′至 33°20′，东经 108°21′至 116°07′。地势大致为东、西、北三面环山，中间低平，略呈向南敞开的不完整盆地。全省山地占 56%，丘陵占 24%，平原湖区占 20%。湖北省山地大致分为四大片区，分别为秦巴山片区、武陵山片区、大别山片区和幕阜山片区。湖北地处亚热带，位于典型的季风区内，除高山地区外，大部分为亚热带季风性湿润气候，年平均实际日照时数为1 100～2 150小时，降水地域分布呈由南向北递减趋势。湖北省正面临从传统农业向现代农业转变的关键时期，土地流转在改变农业生产经营方式中发挥着越来越重要的支撑作用。由于湖北地形地貌复杂，资源禀赋、农业耕作方式差别较大，土地流转促进耕地集约化和农业现代化发展的空间较大，探究当下制约该地区农户耕作制发展的因素至关重要。

（二）研究数据

本章数据来自课题组2018年在湖北省对农户的实地调查数据，此次调查涵盖家庭人口基本信息、自然和物质资产、生产经营情况、土地流转行为和农户政策认知情况等。调研地点在监利市和蕲春县，调研区域类型包括平原、丘陵和山区，说明所选择的调研地点能保证样本的代表性。调查数据涉及11个镇44个村，每个村调查26名农户，共调查1 144户，剔除无效问卷24份，共获得有效样本1 120份。

二、模型构建

（一）土地转入对农户种植结构的计量模型

直接采用土地转入变量对农业种植结构进行回归，可能会因样本自选择或者内生性等问题导致模型估计效率损失。一般而言，土地转入会增加农户经营规模，从而产生规模经营效应，即土地转入会提高土地生产率和劳动生产率，从而降低生产成本和增加产能，农户也会根据不同作物的规模经营效益来选择合适的作物进行种植；反过来，农户可能因受到某种高收益农作物的吸引，会通过土地转入来扩大生产规模。因此，从理论层面来看，土地转入和农业种植结构可能存在互为因果的关系。另外，参与土地流转的农户与未参与土地流转的农户的初始条件并不完全相同，可能会存在样本自选择问题。目前，处理样本自选择和内生性的常用方法有随机效应模型、固定效应模型、双重差分法和工具变量法等，由于本研究数据为截面数据，前3种方法并不适用，工具变量的寻找也较为困难。

PSM方法能避免上述问题，还能有效解决样本自选择偏误和内生性问题。PSM 运用了"反事实框架"，假定参与土地流转的农户为处理组，未参与土地流转的农户为控制组，PSM 就是将处理组和控制组按照倾向得分值进行匹配，保证处理组和控制组的样本特征尽量相近，然后用控制组模拟处理组未参与土地流转（反事实）的状态，进而比较农户在参与土地流转后的种植结构差异（杨慧莲和李艳等，2019）。PSM 的操作思路为：首先，运用 Logit 或者 Probit 模型估计出每个样本在既定影响因素特征向量条件下可能会发生土地流转的条件概率，此概率为倾向得分值（PS 值），具体表达公式为

$$PS_i = \Pr[D_i = 1 | x_i] = E[D_i = 0 | x_i] \qquad (5-1)$$

式（5-1）中，$D_i = 1$ 表示农户参与土地流转，$D_i = 0$ 表示农户未参与土地流转；x_i 表示可观测到的农户特征。然后，根据不同匹配方法进行匹配，本研究拟采用的匹配方法有半径卡尺匹配、核密度匹配、局部线性匹配和马氏匹配。利用控制组模拟处理组的反事实状态，比较农户在流转和未流转土地这两种互斥事实下农业种植结构的差异，差值即为净处理效应。农业种植结构的平均处理效应（ATT）可表示为

$$ATT = E[y_{1i} - y_{0i} \mid D_i = 1] = \frac{1}{N_t} \sum_{i \in t} y_t^i - \frac{1}{N_t} \sum_{j \in t} \lambda(p_i, p_j) y_c^j$$

$$(5-2)$$

式（5-2）中，y_{0i} 表示农户 i 未参与土地流转未来种植结构，而 y_{1i} 表示农户 i 参与土地流转未来种植结构；N_t 为土地流转农户；t 为匹配后的处理组，c 为匹配前的控制组；y_t^i 为处理组中第 i 个土地流转农户的观测值，y_c^j 为控制组中第 j 个土地未流转农户的观测值；p_i 为处理组农户 i 的预测概率值，p_j 为控制组农户 j 的预测概率值；$\lambda(p_i, p_j)$ 为权重函数，不同匹配方法对应不同权重函数。

PSM 方法只能得出土地流转户和土地未流转户在农业种植结构上的差异，在一定程度上能够反映出规模经营对农业种植结构的影响，但是不能准确得出土地流转面积和农业种植结构的因果关系，也就不能推断出土地规模经营面积与农业种植结构的逻辑关系，需要找到一种能够处理关键变量为连续变量的评估模型。为解决此问题，Hirano 和 Imbens（2004）将 PSM 拓

展为广义倾向得分匹配法（GPSM），此模型能估计任意处理水平上土地流转面积对农业种植结构的影响，该方法依然能够有效解决样本自选择偏误和内生性问题。GPSM 的操作思路为：

首先，在给定协变量 X_i 的情况下，运用极大似然法估计连续型处理变量 T_i 的条件概率分布 $G(T_i)$：

$$G(T_i)|X_i \sim N[y(\lambda X_i),\sigma^2] \qquad (5-3)$$

式（5-3）中，$y(\lambda X_i)$ 为协变量 X_i 的线性函数；λ 和 σ^2 为待估参数。根据协变量 X_i 估计出广义倾向得分：

$$\hat{P}_i = \frac{1}{\sqrt{2\pi\hat{\sigma}^2}}\exp\left\{-\frac{1}{2\hat{\sigma}^2}[G(T_i)-y(\lambda X_i)]\right\} \qquad (5-4)$$

其次，使用处理变量 T_i 和式（5-4）估计出的广义倾向得分 $\hat{P}_i$ 构造模型，再求出结果变量 F_i 的条件期望（即农业生产成本），可得：

$$E(\hat{P}_i|T_i,\hat{P}_i)=\gamma_0+\gamma_1 T_i+\gamma_2 T_i^2+\gamma_3\hat{P}_i+\gamma_4\hat{P}_i^2+\gamma_5 T_i\hat{P}_i \qquad (5-5)$$

式（5-5）中，$\hat{P}_i$、$\hat{P}_i^2$ 和 $T_i\hat{P}_i$ 的作用是消除模型中的内生性和样本选择偏误问题。

最后，将式（5-4）的回归结果代入式（5-5）中，进而可以得出处理变量为 t 时的结果变量的期望值：

$$\hat{E}[F(t)]=\frac{1}{N}\sum_{i=1}^{N}[\hat{\gamma}_0+\hat{\gamma}_1 t+\hat{\gamma}_2 t^2+\hat{\gamma}_3\hat{p}(t,X_i)+\hat{\gamma}_4\hat{p}(t,X_i)^2+\hat{\gamma}_5 t\hat{p}(t,X_i)]$$

$$(5-6)$$

式（5-6）中，$\hat{\gamma}_0$、$\hat{\gamma}_1$、$\hat{\gamma}_2$、$\hat{\gamma}_3$、$\hat{\gamma}_4$、$\hat{\gamma}_5$ 为待估参数；N 为样本观测值；$\hat{p}(t,X_i)$ 为处理变量的条件概率密度预测值。将处理变量的取值范围 $\bar{T}=[t_0,t_1]$ 划分为 n 个子区间，在每个子区间能分别估计出土地流转面积对农业种植结构的因果效应。将各取值范围下的因果效应连接起来，就可得出 $\bar{T}$ 区间内因果效应大小与土地流转面积之间的函数关系图。

（二）土地转出对农户非农就业的计量模型

可以构建计量模型来估计土地转出对农户非农就业的影响，但需要解决估计模型可能存在的样本自选择和内生性问题。另外，土地转出面积增多会释放更多原先附着在土地上的农村劳动力，从而促进农户非农就业程度的提高；反之，当农户非农就业程度提高时，也会导致农户没有足够劳动力从事农业生产，从而将自家土地流转给他人种植。因此，在理论层面上，土地流转与非农就业程度可能存在互为因果的关系。不仅如此，土地流转户与土地未流转户可能存在初始禀赋差异，导致模型估计时会出现样本自选择问题。当前，通常采用随机效应模型、固定效应模型、DID 模型和工具变量法来解决计量模型中可能存在的样本自选择和内生性问题，但前 3 种模型都不适用于截面数据，合适的工具变量又比较难获取。

广义倾向得分匹配法（PSM）能较好估计出二元变量的处理效应，且能在一定程度上克服样本自选择所导致的内生性问题。PSM 基于"反事实框架"原理，假设土地流转户为处理组，土地未流转户为控制组，将控制组和处理组按照倾向得分值进行匹配，尽可能保证控制组和处理组的样本特征相近，然后用控制组模拟处理组土地未流转的情况，从而比较农户在土地流转后非农就业程度的差异。本研究采用非农就业人员占比和人均非农就业时间来衡量非农就业情况。操作思路如下：运用二值选择模型估计每个样本在既定特征向量条件下土地流转的发生概率，此概率即为倾向得分值（PS 值），其表达式为：

$$PS_i = \mathrm{Pr}[D_i = 1 \mid x_i] = E[D_i = 0 \mid x_i] \qquad (5-7)$$

式（5-7）中，$D_i = 1$ 表示农户参与土地流转，$D_i = 0$ 表示农户未参与土地流转；x_i 表示能观测到的农户特征。在反事实情况下对比农户在流转和未流转土地下非农就业的差异，差值即为净处理效应。农户的非农就业的平均效应（ATT）为：

$$ATT = E[y_{1i} - y_{0i} \mid D_i = 1] = \frac{1}{N_t} \sum_{i \in t} y_t^i - \frac{1}{N_t} \sum_{j \in t} \lambda(p_i, p_j) y_c^i$$

$$(5-8)$$

式（5-8）中，y_{0i} 表示农户 i 未参与土地流转未来非农就业情况，y_{1i} 表示农户 i 参与土地流转未来非农就业情况；N_t 为土地流转户；t 为匹配后的处理组，c 为匹配前的控制组；y_t^i 为处理组中第 i 个土地流转户的观测值，y_c^i 为控制组中第 j 个土地未流转户的观测值；p_i 为处理组农户 i 的预测概率值，p_j 为控制组农户 j 的预测概率值；$\lambda(p_i, p_j)$ 为权重函数，不同匹配方法对应不同权重函数。

PSM 只能估计出土地流转户与土地未流转户在非农就业程度上的差别，能在一定程度上反映出土地转出对农户非农就业程度的影响，但是无法得出土地流转面积和农户非农就业程度的因果关系，需要有一种能处理关键变量为连续变量的评估模型。Hirano 和 Imbens 为解决以上问题，将 PSM 拓展为广义倾向得分匹配法（GPSM），GPSM 能估计任一处理水平上土地流转面积对农户非农就业程度的影响，其操作思路具体如下：

首先，在给定协变量 X_i 的情况下，运用极大似然法估计连续型处理变量 T_i 的条件概率分布 $G(T_i)$：

$$G(T_i) \mid X_i \sim N[y(\lambda X_i), \sigma^2] \qquad (5-9)$$

式（5-9）中，$y(\lambda X_i)$ 为协变量 X_i 的线性函数；λ 和 σ^2 为待估参数。根据协变量 X_i 估计出广义倾向得分：

$$\hat{P}_i = \frac{1}{\sqrt{2\pi\hat{\sigma}^2}} \exp\left\{ -\frac{1}{2\hat{\sigma}^2} [G(T_i) - y(\lambda X_i)] \right\} \qquad (5-10)$$

其次，使用处理变量 T_i 和式（5-10）估计出的广义倾向得分 $\hat{P}_i$ 构造模型，再求出结果变量的条件期望（即农户非农就业程度），可得：

$$E(\hat{P}_i \mid T_i, \hat{P}_i) = \gamma_0 + \gamma_1 T_i + \gamma_2 T_i^2 + \gamma_3 \hat{P}_i + \gamma_4 \hat{P}_i^2 + \gamma_5 T_i \hat{P}_i \qquad (5-11)$$

式（5-11）中，γ_0、γ_1、γ_2、γ_3、γ_4、γ_5 为待估参数；$\hat{P}_i$、$\hat{P}_i^2$ 和 $T_i \hat{P}_i$ 的作用是消除模型中的内生性和样本选择偏误问题。

最后，将式（5-10）的回归结果代入式（5-11）中，进而得出处理变量为 t 时的结果变量的期望值：

$$\hat{E}[F(t)] = \frac{1}{N} \sum_{i=1}^{N} [\hat{\gamma}_0 + \hat{\gamma}_1 t + \hat{\gamma}_2 t_i^2 + \hat{\gamma}_3 \hat{p}(t, X_i) + \hat{\gamma}_4 \hat{p}(t, X_i)^2 + \hat{\gamma}_5 t \hat{p}(t, X_i)]$$

$$(5-12)$$

式（5-12）中，N 为样本观测值；$\hat{p}(t, X_i)$ 为处理变量的条件概率密度预测值，处理变量的取值范围 $\bar{T} = [t_0, t_1]$ 划分为 n 个子区间，在每个子区间能分别估计出土地流转面积对农户非农就业程度的因果效应。将各取值范围下的因果效应连接起来，就可得出 $\bar{T}$ 区间内因果效应大小与土地流转面积之间的函数关系图。

第二节　土地转入对农户种植结构的实证分析

现代农业是一条集约化和规模化相结合的道路，土地流转成为解决耕地细碎化的有效举措。随着农村土地流转法律政策的出台和完善，全国农村土地的流转比例从 1996 年的 2.6％上升到 2023 年的 37％，总流转规模现已达到 5.6 亿亩。土地流转规模的迅速扩大也带动了农业社会化服务水平的提升，服务领域涵盖农业生产的各个方面，涌现出全程托管、代耕代种和联耕联种等多种服务方式，极大提高了农业劳动生产率、土地产出率和资源利用率，同时也改变了农业生产成本。由于规模经营对各作物农业生产率和农业生产成本的作用程度不同，就会导致农户在土地流转后会根据农作物间的收益差异而改变原先的生产经营结构。中国是人口占据世界总人口近五分之一的大国，2.6 亿农业劳动者中的 2.3 亿农业承包经营户肩负起维护国家粮食安全的重大责任。中国也一直高度重视保障粮食安全，过去有关农业种植结构调整的政策都以粮食安全是"国之大者"为基础，因此，不论未来农业生产经营方式如何改变，都不应影响国家粮食安全战略的实施。目前，不断有学者担忧提出，土地流转可能诱使农户将农业种植结构向"非粮化"方向调整，甚至会出现农地"非农化"问题，将违背土地流转的根本初衷。但也有学者认为正因为土地流转后的规模效应更能降低粮食生产成本，农业种植结构可能向"趋粮化"方向调整。因此，厘清土地流转对农业种植结构的实际影响，对制定更加合理的土地政策和实施国家粮食安全战略意义重大。

目前虽然有众多学者探究了土地流转与农业种植结构的关系，但所得结论并未统一，究其原因可能为以下两点：一是较少有研究很好解决了模型中存在的样本自选择偏误和内生性问题，以上问题就容易导致模型估计结果的有效性受到质疑；二是大多数研究重点关注土地流转对不同类型主粮种植的影响，鲜有研究对土地流转的类型进行细分，考察不同类型土地流转对农业种植结构的影响，农业种植结构与流转地块类型应该息息相关。因此，本研究基于湖北农户实地调研数据，细分土地流转类型，运用 PSM 和 GPSM 法分析不同类型土地是否转入及其转入面积对农业种植结构的影响。

一、变量选取与描述性统计

(一)农业种植结构

农业种植结构可以从正反两个方向进行衡量,即使用粮食作物播种面积与总播种面积的比值考察"趋粮化",或者使用经济作物播种面积与总播种面积的比值考察"非粮化",当然也有学者使用粮食作物播种面积与经济作物的比值来考察种植结构。目前大多数学者都用粮食作物播种面积占总播种面积的比值来衡量农业种植结构,本研究也采用此法。

(二)土地流转

本部分主要分析土地转入对农业种植结构的影响,从是否转入土地和转入土地面积两方面来考察,并将土地流转类型细分为水田和旱地,最终生成3种是否转入土地的虚拟变量和3种转入土地面积的连续变量,即土地是否转入、水田是否转入、旱地是否转入、土地转入面积、水田转入面积、旱地转入面积。表5-1为本模型中变量的描述性统计。

(三)控制变量

户主受教育水平:户主是家庭生产经营的重要决策人之一,户主的教育程度会直接影响农户的种植决策。家庭人口规模:劳动力是农业生产经营的基本要素,劳动力丰富更能促进农户选择劳动密集型的作物品种进行种植,且家庭人口规模与粮食消耗数量成正比,农户的种植结构会考虑到家庭的粮食消费问题。外出务工比例:外出务工会减少家庭的农业劳动力,农户可能会选择采用机械替代劳动力等技术密集型的作物品种。农业补贴态度:农业补贴中的粮食直补会诱发农户种植更多的粮食作物,但也要取决于农户对农业补贴的满意度。粮食种植成本:农户是否种植粮食主要取决于种植粮食的收益,而不会更多考虑国家粮食安全战略等政策,粮食种植成本降低有利于提高粮食生产的比较收益,从而促进农户种植更多粮食作物。经济作物成本:经济作物成本降低会增加经济作物生产的比较收益,从而促进农户种植更多经济作物。农业机械化水平:已有证据表明,农业机械化水平能够有效降低农业生产成本和节约农业劳动时间,甚至是增加农业产能,且粮食作物的生产环节需要依赖于农业机械,农业机械化水平在一定程度上会促进耕地

"趋粮化"。耕地灌溉比例：水资源是农业生产的要素之一，不同作物种植对水量的要求会有差异。地区类型：地区类型与农业的生产环境密切相关，会影响农户种植作物的选择。

表 5-1　农业种植结构模型的变量选择及计算方法

变量名称	计算方法	均值	标准差	最小值	最大值
农业种植结构	粮食播种面积/播种面积	0.725 4	0.378 0	0	1
土地是否转入	1=是；0=否	0.147 3	0.354 6	0	1
水田是否转入	1=是；0=否	0.103 6	0.304 9	0	1
旱地是否转入	1=是；0=否	0.072 5	0.259 5	0	1
土地转入面积	实际面积（亩）	1.511 9	4.850 7	0	25
水田转入面积	实际面积（亩）	1.043 3	4.049 1	0	25
旱地转入面积	实际面积（亩）	0.480 7	2.579 3	0	25
户主受教育水平	实际值（年）	6.889 1	3.465 0	0	15
家庭人口规模	实际值（人）	4.141 5	1.780 5	1	10
外出务工比例	外出务工人数/家庭人数	0.382 9	0.348 5	0	1.5
农业补贴态度	1=满意；0=不满意	0.783 7	0.412 0	0	1
粮食种植成本	亩均粮食作物种植成本（元）	2.052 2	2.879 8	0	6.80
经济作物成本	亩均经济作物种植成本（元）	5.063 5	1.739 9	0	6.11
农业机械化水平	机耕率×0.4+机播率×0.3+机收率×0.3	0.718 0	0.132 9	0.50	1
耕地灌溉比例	有效灌溉面积/耕地面积	0.543 0	0.222 0	0.05	1
地区类型	1=平原；0=非平原	0.332 6	0.471 4	0	1

二、土地转入对农户种植结构的影响

（一）样本匹配效果检验

使用倾向得分匹配估计前，需要检验匹配变量在处理组和控制组之间的平衡性，通过对比匹配前后倾向值分布效果图，更加直观地检验匹配的效果。图 5-1 中分别为土地流转户（处理组）和土地未流转户（控制组）的 PS 值匹配前后的核密度，可以得出，匹配前处理组和控制组的倾向得分概率分布完全不一致，匹配后处理组和控制组的倾向得分概率分布比较接近，表明匹配后处理组和控制组的各方面特征更为相近，达到了匹配的目的，匹配结果也满足倾向得分匹配法所要求的共同支撑假设。按照土地流转的类型，也对比了转入旱地农户和转入水田农户匹配前后倾向值分布效果图，结果显示匹配效果都较好，限于篇幅，未在书中列出。

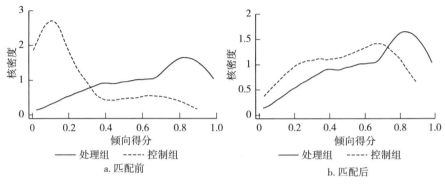

图 5-1　匹配前后倾向得分核密度分布图

（二）土地转入对农业种植结构的 PSM 估计

为了对比估计结果的稳定性，同时采用半径匹配法、核匹配法、局部线性回归匹配法和马氏匹配法分别估计是否转入土地、是否转入水田和是否转入旱地对农业种植结构的平均处理效应，具体结果见表 5-2。从土地是否转入对农业种植结构的平均处理效应来看，匹配前土地转入对粮食作物播种面积占比会显著提升 0.62 个单位，4 种匹配方法所估计的 ATT 值依次为 0.36、0.36、0.36 和 0.36，且估计结果都通过了显著性检验。总体而言，通过匹配法消除样本差异后，土地转入净效应 ATT 值的平均系数为 0.36，明显小于未匹配前的估计系数，表明样本估计偏误和内生性确实会高估土地转入效应。可以得出，与土地未转入相比，土地转入更能促进农业种植结构"趋粮化"，说明土地转入后经营面积扩大会促使农户种植更多的粮食作物，可能原因是粮食作物对农业机械的依赖性较强，土地转入后更有利于农业机械作业，农业机械替代劳动力更能降低农业生产成本；再者，受制于粮食作物生产的比较收益长期较低，一直以来农户会更多倾向种植比较收益较高的经济作物，也就导致种植经济作物地块的复种指数较高，而种植粮食作物地块的复种指数较低，土地转入后农业生产环境的改善会促使农户提高耕地的复种指数。在粮食作物生产成本降低和粮食作物地块复种指数提升空间较大的情况下，农户会更多通过增加粮食作物播种面积来提高复种指数；另外，国家对耕种粮食作物的农户有粮食直补，也会促使耕地"趋粮化"。

从水田是否转入对农业种植结构的平均处理效应来看，匹配前水田转入会使粮食作物播种面积占比显著提升 0.57 个单位，4 种匹配方法所估计的 ATT 值依次为 0.38、0.39、0.38 和 0.39，都通过了显著性检验，水田转入净效应 ATT 值的平均系数为 0.39。从旱地是否转入对农业种植结构的平均处理效应来看，匹配前旱地转入会使粮食作物播种面积占比会显著提升 0.36 个单位，4 种匹配方法所估计的 ATT 值依次为 0.13、0.11、0.12 和 0.14，都通过了显著性检验，旱地转入净效应 ATT 值的平均系数为 0.13。可以得出，水田转入的平均处理效应是旱地转入的 3 倍，水田转入比旱地转入更能促进农户种植结构的"趋粮化"，可能原因是水田地块本就更适宜种植粮食作物，再者水田地块更能通过提高复种指数来增加粮食播种面积，从而提高耕地粮食作物播种面积的比例。

表 5 - 2　土地流转对农业种植结构的 PSM 估计结果

类别	匹配方法	处理组	控制组	AAT 值	标准误	T 值
	未匹配	0.823 1	0.198 5	0.624 6***	0.032 5	19.22
	匹配 1	0.814 6	0.452 3	0.362 3***	0.056 4	6.42
土地是否转入	匹配 2	0.792 0	0.436 7	0.355 3***	0.048 3	7.36
	匹配 3	0.792 0	0.432 5	0.359 5***	0.057 6	6.24
	匹配 4	0.773 1	0.416 3	0.356 8***	0.028 4	12.6
	未匹配	0.858 3	0.291 3	0.567 1***	0.041 7	13.58
	匹配 1	0.858 6	0.474 4	0.383 9***	0.054 0	7.11
水田是否转入	匹配 2	0.855 6	0.470 1	0.385 1***	0.053 6	7.18
	匹配 3	0.855 2	0.472 8	0.382 4***	0.067 2	5.69
	匹配 4	0.858 3	0.464 4	0.393 9***	0.030 6	12.87
	未匹配	0.743 0	0.378 1	0.364 9***	0.056 0	6.51
	匹配 1	0.740 2	0.612 3	0.127 8**	0.063 3	2.02
旱地是否转入	匹配 2	0.737 6	0.627 7	0.109 5*	0.066 2	1.66
	匹配 3	0.737 3	0.614 7	0.122 5*	0.066 8	1.83
	匹配 4	0.743 0	0.602 5	0.140 5***	0.042 1	3.34

注：匹配 1 为半径匹配法，匹配 2 为核匹配法，匹配 3 为局部线性回归匹配法，匹配 4 为马氏匹配法。* 、** 、*** 分别代表 10%、5%、1% 水平的显著性。

（三）土地转入面积对农业种植结构的 GPSM 估计

上文证实了土地转入户耕地相比土地未转入农户耕地的种植结构更倾向于"趋粮化"，为了进一步厘清土地转入面积和农户耕地种植结构调整的关系，下文采用 GPSM 进一步分析两者之间的因果关系。

1. 广义倾向得分匹配估计的平衡性检验

在使用 GPSM 分析之前，首先检验处理变量是否需要满足正态分布的假设条件，通过检验土地转入面积、水田转入面积和旱地转入面积分布的偏度和峰度，发现 3 个处理变量服从正态分布的原假设。然后，运用 Fractional Logit 模型估计广义倾向得分，检验经过广义倾向得分调整的协变量是否通过平衡性检验。

根据 Hirano 和 Imbens（2004）平衡性检验的思路，需要对样本进行分组，由于处理变量土地转入面积极值化后的取值在［0，1］，根据对处理强度较小区间进行细分和对处理强度较大区间进行粗分的原则，选择的划分临界点为处理强度 0.3 和 0.7。根据划分临界值，将 3 种土地流转样本都分成 3 组，通过比较任意一组中某个协变量均值与其他两组合并后该协变量均值的差异来判断平衡性，如果不存在显著差异就表明通过了平衡性检验。表 5-3 和表 5-5 汇总了 3 种土地流转样本中各组协变量的估计值，估计结果表明经过广义倾向得分调整后的各协变量都不显著，说明匹配效果较好，通过了平衡性检验。

表 5-3　土地转入面积广义倾向得分匹配平衡性检验

变量	［0，0.3］	（0.3，0.7］	（0.7，1］
户主受教育水平	−0.471 4	−0.017 5	0.106
	(0.343)	(0.468)	(0.383)
家庭人口规模	0.007 9	−0.001 9	0.007 7
	(0.025)	(0.031)	(0.027)
外出务工比例	0.128 9	−0.154 2	−0.174 2
	(0.158)	(0.215)	(0.183)
农业补贴态度	0.057 7	−0.001 7	0.028 2
	(0.077)	(0.104)	(0.083)

（续）

变量	[0，0.3]	(0.3，0.7]	(0.7，1]
粮食种植成本	0.036 9	−0.035 8	−0.013 9
	(0.022)	(0.028)	(0.018)
经济作物成本	−0.037 8	0.093 3	−0.004 7
	(0.102)	(0.155)	(0.099)
农业机械化水平	0.048 6	−0.117 9	−0.088
	(0.056)	(0.081)	(0.062)
耕地灌溉比例	0.000 5	0.081 1	−0.100 9
	(0.042)	(0.059)	(0.047)
地区类型	−0.035 7	0.092 5	−0.026 6
	(0.044)	(0.062)	(0.048)

注：括号中的数字为标准误。

表 5-4　水田和旱地转入面积广义倾向得分匹配平衡性检验

变量	水田转入面积			旱地转入面积		
	[0，0.3]	(0.3，0.7]	(0.7，1]	[0，0.3]	(0.3，0.7]	(0.7，1]
户主教育水平	−0.559 1	0.319	0.236 5	−0.134	0.414 6	−1.110 3
	(0.342)	(0.491)	(0.475)	(0.499)	(0.581)	(0.753)
家庭人口规模	−0.011	0.005 5	0.015 8	0.045 5	−0.028 9	0.008 9
	(0.025)	(0.035)	(0.033)	(0.033)	(0.036)	(0.048)
外出务工比例	0.140 1	−0.089 7	−0.135 1	0.476 3	−0.552 7	−0.757 6
	(0.186)	(0.252)	(0.244)	(0.192)	(0.231)	(0.301)
农业补贴态度	0.020 9	−0.123 8	0.082	0.004 5	−0.022 7	0.003 3
	(0.078)	(0.110)	(0.098)	(0.097)	(0.108)	(0.147)
粮食种植成本	0.043 4	−0.026 2	−0.017 8	0.003 2	−0.008	0.081 1
	(0.024)	(0.042)	(0.024)	(0.042)	(0.049)	(0.064)
经济作物成本	−0.094 9	0.090 2	0.090 1	−0.057 7	0.044 9	−0.077
	(0.143)	(0.172)	(0.174)	(0.054)	(0.070)	(0.105)
农业机械化水平	0.083 8	−0.154 7	−0.027	0.098 7	−0.061 7	−0.314 4
	(0.069)	(0.100)	(0.093)	(0.085)	(0.099)	(0.133)
耕地灌溉比例	0.040 5	−0.006 9	−0.065 9	−0.003 4	0.011 5	0.012 5
	(0.049)	(0.071)	(0.062)	(0.060)	(0.072)	(0.096)
地区类型	−0.009 6	0.062 1	−0.031 8	0.044 1	0.032 9	−0.121 2
	(0.040)	(0.060)	(0.049)	(0.061)	(0.067)	(0.095)

注：括号中的数字为标准误。

2. 广义倾向得分匹配处理效应估计结果

平衡性检验之后，再估计出 3 种土地流转样本中结果变量农业种植结构的条件期望，拟采用二阶逼近式估计法更好地拟合农业种植结构，估计结果见表 5-5。二阶逼近式估计结果表明，全部土地转入面积及其平方、倾向得分变量及其平方、两者交互项都通过了显著性检验；水田转入面积及其平方、倾向得分变量、交互项通过了显著性检验；旱地转入面积及其平方、倾向得分变量及其平方通过显著性检验，表明 3 种土地转入面积具有内生性。

表 5-5 农业种植结构的二阶逼近式估计结果

变量	全部土地转入面积		水田转入面积		旱地转入面积	
	系数	标准误	系数	标准误	系数	标准误
T	1.970 8***	0.201 5	2.043 7***	0.267 0	1.338 4***	0.411 0
T^2	−1.342 9***	0.203 1	−1.444 7***	0.299 7	−1.213 6***	0.433 5
P	2.011 6***	0.458 1	1.492 5***	0.527 0	5.039 5***	1.034 4
P^2	−1.860 5**	0.804 4	−1.467 8	1.211 5	−16.167 5***	4.805 0
$T \times P$	−0.804 2**	0.376 9	−1.063 4*	0.587 3	−0.713 3	2.184 0
$cons$	0.053 4	0.051 3	0.268 9***	0.039 9	0.302 6***	0.039 7

剔除不显著变量，将显著变量代入式（5-12）估计出不同类型土地转入面积在不同处理水平上农业种植结构的期望值及其边际变化，估计结果见表 5-6。根据二阶逼近估计法可得，土地转入面积、水田转入面积和旱地转入面积的处理效应一直为正，与农业种植结构并非线性关系，三者的处理效应随着流转面积的提高而呈现不断增加的趋势，但不同处理水平上的各类型土地流转的边际效应有所差异。从全部土地转入面积来看，在处理水平 0~0.3 上，粮食作物播种面积占比随着土地流转面积的增加而上升的幅度较小；当土地流转面积超过 0.3 处理水平时，增加土地流转面积更能促进粮食作物播种面积占比的提升。从水田和旱地转入面积来看，在 0~0.3 处理水平上，土地转入面积的增加对粮食作物播种面积占比提升的作用不大；在超过 0.3 处理水平之后，土地转入面积的增加对粮食作物播种面积占比提升的作用明显增强。总体来看，土地转入面积增加对粮食作物播种面积占比的影响存在规模报酬递增的效应，即随着土地转入面积的增加，粮食作物播种

面积占比提升的幅度要高于土地转入面积提升的幅度。造成这种现象的可能原因是，土地转入对农户调整农业种植结构存在一定的门槛效应，只有土地转入面积超过门槛值后，土地规模经营对粮食作物播种面积占比提升的作用才会明显，也就是在转入规模较小情况下，因农业规模经营导致不同作物收益比的变化还不足以吸引农户调整农业生产结构。

从不同类型土地流转来看，在任一处理水平上，增加水田转入面积所带来农业种植结构调整的效应要大于旱地转入的效应，说明水田转入更加能促进农户的农业种植结构向"趋粮化"调整，可能原因有三：一是土地流转后的规模经营效益和粮食直补政策对粮食生产率的提高更大。二是水田地块复种指数提升的空间较大，例如水稻的"单改双"等模式。三是土地流转后更能从多方面降低粮食作物的生产成本，例如，土地流转更能促进粮食作物使用农业机械，可以通过农业机械替代农业劳动的方式降低用工成本，而经济作物农业机械的种类和使用程度不高，导致土地流转后经济作物难以大规模采用农业机械，不利于种植结构向经济作物方向调整；再者，土地流转后农户的平地整地活动有利于保护土地，也更能促进高标准农田建设，为农业生产在降低成本和增加产量方面提供可能。

表 5 - 6   农业种植结构的 GPSM 处理效应估计结果

T 值	全部土地转入面积		水田转入面积		旱地转入面积	
	系数	标准误	系数	标准误	系数	标准误
0.1	0.375 1***	0.033 9	0.436 3***	0.022 8	0.086 2***	0.031 2
0.2	0.412 8***	0.047 3	0.483 1***	0.033 4	0.234 4***	0.040 4
0.3	0.616 1***	0.048 5	0.704 5***	0.037 7	0.571***	0.043 4
0.4	1.096***	0.049 4	1.100 4***	0.036 9	0.985 1***	0.051 5
0.5	1.670 9***	0.034 5	1.809 4***	0.066 2	1.519 7***	0.065 8
0.6	2.416***	0.031 4	2.711 2***	0.093 8	2.22***	0.084 7
0.7	3.335 7***	0.029 7	3.801 3***	0.130 3	3.086***	0.097 1
0.8	4.429 9***	0.030 1	5.079 9***	0.176 6	4.117 6***	0.094 0
0.9	5.698 7***	0.037 1	6.546 8***	0.236 5	5.314 9***	0.071 3
1	7.142 1***	0.057 7	8.202 1***	0.316 4	6.677 9***	0.057 3

注：*、**、***分别代表10%、5%、1%水平的显著性。

通过式（5-12）倾向得分匹配法估计所得的期望值和边际效应，能够求出不同类型土地转入面积对农业种植结构的处理效应函数。图5-2分别为全部土地转入面积、水田转入面积和旱地转入面积对农业种植结构处理效应函数的示意图。各图的中间实线为不同类型土地转入面积与农业种植结构的函数关系，实线的上下两条虚线分别代表GPSM函数95％的置信上限和置信下限，为保证估计结果的有效性，各GPSM的处理效应函数式都采用自举法（Bootstrap）重复500次估计所得。总体来看，各类型土地转入面积对农业种植结构的影响都为正，且粮食作物播种面积占比随着土地转入面积的增加而在不断提高，存在明显的规模报酬递增效益。

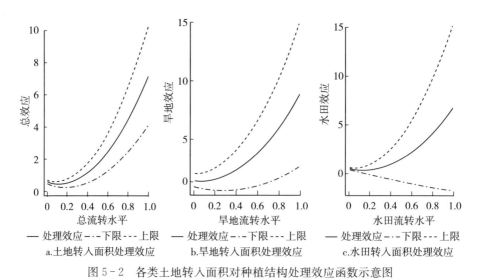

图5-2　各类土地转入面积对种植结构处理效应函数示意图

第三节　土地转出对农户非农就业的实证分析

中国40多年的改革开放极大推动着新型工业化和城镇化的进程，在城镇中所创造的大量就业岗位为农村劳动力转移奠定了基础，而农业技术进步所释放出的农村剩余劳动力为其转移提供了可能。从而使得越来越多的农村劳动力转移至城市从事非农工作，农户的生计逐渐由纯粹的农业经营转变为兼业经营的模式，有力地推动了农民增收和绝对贫困的消除。全面建成小康社会后，中华民族开启实现共同富裕的新征程，但根据《中国统计年鉴2021》显示，2020年全国居民最低20％的收入人群的人均可支配收入只有7 868.8元，其中绝大部分相对贫困人群仍是农村居民。而且，截至2020年，中国还有超过36％的人口居住在农村，但农业产值却只占到不足7％，说明近64％的城镇人口在生产和分配93％的GDP，而另外36％的农村人口在生产和分配不到7％的GDP，城乡差距是目前影响中国实现共同富裕的最大障碍。中国"三农"问题的根本解决办法从来都不在乡村而应在城市，土地和劳动力只是农户的生计资本，如何利用生计资本不断提升其生计可持续性才是关键，在当前农业比较利益较低的情况下，短期内提高农民收益的方法依然是扩大农民的非农就业。随着农业现代化水平的不断提高，资本替代劳动的技术效应会逐渐增大，日益完善的土地流转市场也会使得附庸在土地上的农村劳动力会被进一步释放，并伴随着中国城镇化而不断向城市转移。因此，探究土地流转对农户非农就业的影响，对提高农户生计的可持续性和实现共同富裕具有较强的现实意义。

目前更多的研究集中在非农就业对土地流转的影响方面，而直接分析土地流转对非农就业影响的文献较少，已有研究对两者内生性问题的关注不够，导致研究结果存疑。另外，现有研究仅得出了土地流转会促进农户参与非农就业，还未细致分析出土地流转对农户非农就业人数和时间的影响，因为，家庭劳动力配置包括劳动力数量和劳动时间两方面。基于此，拟采用实地调研数据，运用GPSM模型分析土地流转对农户非农就业人员占比和人均非农就业时间的影响，考虑到不同类型土地流转效应的差异，进一步将土地流转类型分为水田和旱地，从而科学探究出不同类型土地流转的非农就业效应。

一、变量选取与描述性统计

（一）非农就业

一般而言，农村劳动力是指年龄在16～65岁且具备劳动能力（不包含学生）的群体，当农村劳动力从事除农业以外的生产经营活动时，即表示该农村劳动力处于非农就业状态。新古典经济学认为劳动力的职业选择是基于自身收益最大化原则作出的，中国农户在进行劳动力资源配置时，会根据自身和家庭其他成员具体情况而做出合理的决策。因此，在衡量非农就业时需要从家庭层面进行考察，为了更为深入地考察农村劳动力从事非农就业的深度和广度，拟选取家庭是否有非农就业人员、家庭非农就业人员占比和家庭人均非农就业时间进行分析。表5-7为本模型中变量的描述性统计。

（二）土地流转

本节主要分析土地转出对非农就业的影响，从是否转出土地和转出土地面积两方面来考察，并将土地转出类型细分为水田和旱地，最终生成3种是否转出土地的虚拟变量和3种转出土地面积的连续变量，分别为土地是否转出、水田是否转出、旱地是否转出、土地转出面积、水田转出面积、旱地转出面积。

（三）控制变量

户主受教育水平：户主是家庭生产经营的主要决策者，其文化素养会直接影响决策的合理性。家庭社会资本：农村劳动力通常是经村内熟人或亲朋介绍从事非农生产经营活动，因此家庭社会资本一般会增加外出务工的可能性。家庭负担系数：家庭负担过重会迫使家庭劳动力从事收益更多的非农生产经营活动。不健康成员比例：不健康成员不仅会降低家庭的劳动力人数，甚至会因照料不健康成员而减少健康劳动成员的工作时间。农业机械数量：农业机械是农业生产经营的重要物质资料，一般农业机械数量越多，从事农业生产经营的可能性越高。务农积极性：务农积极性高的农户，其从事非农就业的可能性较低。地区类型：不同地区农户的土地资源和生产条件并不一致，从而影响农户的经营决策。

表5-7　非农就业模型的变量选择及计算方法

变量	计算方法	均值	标准差	最小值	最大值
家庭是否有非农就业人员	1=家中有非农就业人员； 0=家中无非农就业人员	0.896	0.306	0	1
非农就业人员占比	非农就业人数/家庭人数	0.350	0.202	0	1

（续）

变量	计算方法	均值	标准差	最小值	最大值
人均非农就业时间	家庭非农总时间/家庭人数（月/人）	4.069	1.821	0	12
土地是否转出	1＝转出；0＝未转出	0.168	0.374	0	1
水田是否转出	1＝转出；0＝未转出	0.136	0.344	0	1
旱地是否转出	1＝转出；0＝未转出	0.045	0.209	0	1
土地转出面积	实际值（公顷）	0.227	2.082	0	1
水田转出面积	实际值（公顷）	0.187	2.215	0	1
旱地转出面积	实际值（公顷）	0.041	1.469	0	0.400
户主受教育水平	实际值（年）	6.889	3.465	0	15
家庭社会资本	人情往来支出对数（元）	7.368	3.085	0	12.337
家庭负担系数	老人小孩人数/家庭人口	0.313	0.287	0	1
不健康成员比例	不健康人数/家庭人口	0.166	0.315	0	1
农业机械数量	实际值（台）	1.007	1.316	0	12
务农积极性	1＝积极；0＝不积极	0.483	0.500	0	1
地区类型	1＝平原；0＝非平原	0.333	0.471	0	1

二、土地转出对非农就业人员占比的影响

（一）样本匹配效果检验

使用倾向得分匹配法前需要检验匹配变量在处理组和控制组之间的平衡性，通常做法是查看平衡性检验结果和倾向值分布效果图。本部分列出了两种检验结果，表5-8为倾向得分匹配的平衡性检验结果，图5-3为匹配前后倾向得分核密度分布图。从表5-8可知，户主受教育水平、家庭社会资本、家庭负担系数、不健康成员比例、农业机械数量、务农积极性和地区类型存在显著差异，匹配前各协变量均值差异都高于匹配后各协变量均值差异。只有保证匹配后土地转出户和土地未转出户在匹配变量上无明显差异，倾向得分匹配的结果才更具科学性和可靠性。判定匹配效果的方法是比较各协变量匹配后的标准偏差是否小于20%，从表5-8可知各匹配变量的标准偏差都在20%以下，说明匹配效果较理想。本部分也检验了水田转出和旱地转出农户匹配结果的平衡性，检验结果显示都满足平衡性假设，限于篇

幅，未在书中列出。

表 5-8　非农就业人员占比模型的 PSM 平衡性检验结果

变量	类别	均值		偏差（%）	缩小（%）
		处理组	控制组		
户主受教育水平	U	7.428	6.817	16.7	93.9
	M	7.428	7.465	−1	
家庭社会资本	U	9.740	9.320	30.3	81.3
	M	9.740	9.818	−5.7	
家庭负担系数	U	7.837	7.287	18.5	94.1
	M	7.837	7.869	−1.1	
不健康成员比例	U	0.268	0.321	−19.2	64.3
	M	0.268	0.249	6.9	
农业机械数量	U	2.758	1.968	56.5	77.2
	M	2.758	3.078	−12.9	
务农积极性	U	1.688	0.889	53	68.9
	M	1.688	1.289	16.5	
地区类型	U	0.586	0.466	24.2	67.5
	M	0.586	0.547	7.9	

注："U"表示未匹配，"M"表示匹配。

可以进一步采用图示法直观检验匹配效果。图 5-3 分别为土地流转户（处理组）和土地未流转户（控制组）的 PS 值匹配前后的核密度。从图 5-3 中可知，匹配前处理组和控制组的倾向得分概率分布相差较大，匹配后两者的分布基本一致，说明匹配后处理组和控制组的特征都较为相似，匹配结果满足倾向得分匹配法所需要的共同支撑假设。按照土地流转的类型，还对比了旱地转出农户和水田转出农户匹配前后倾向值分布效果图，结果显示匹配效果都较好，限于篇幅，未在书中列出。

（二）土地转出对非农就业人员占比的 PSM 估计

倾向得分匹配法有多种估计方法，为检验估计结果的稳健性，同时采用半径匹配法、核匹配法和马氏匹配法分别估计土地是否转出、水田是否转出和旱地是否转出对农户非农就业人员占比的平均处理效应，具体估计结果见

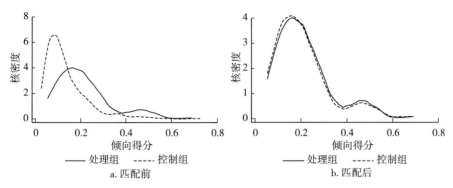

图 5-3 非农就业人员占比匹配前后倾向得分核密度分布图

表 5-9。从土地是否转出对农户非农就业人员占比的平均处理效应来看，匹配前土地转出会使农户非农就业人员占比显著提高 0.071 个单位，匹配后 3 种匹配法的估计的 ATT 值分别是 0.074、0.073 和 0.075，且估计结果都在 1% 水平上显著。总体来看，通过匹配法消除样本差异后，土地转出净效应 ATT 值的平均系数为 0.074，明显大于未匹配前的估计系数，表明样本估计偏误会低估土地转出效应。与未转出土地相比，土地转出更能提高农户非农就业人员占比，说明土地转出能较大程度释放附着在农业生产上的农户劳动力，从而让农户将更多的劳动力配置在非农生产经营领域。

从水田是否转出对农户非农就业人员占比的平均处理效应来看，匹配前水田转出会使农户非农就业人员占比显著提升 0.028 个单位，匹配后 3 种匹配法的估计的 ATT 值分别是 0.029、0.029 和 0.030，且估计结果都在 5% 水平上显著，水田转出的净效应 ATT 值的平均系数为 0.029。从旱地是否转出对农户非农就业人员占比的平均处理效应来看，匹配前旱地转出会使农户非农就业人员占比显著提升 0.082 个单位，匹配后 3 种匹配法的估计的 ATT 值分别是 0.086、0.084 和 0.084，且估计结果都在 1% 水平上显著，旱地转出的净效应 ATT 值的平均系数为 0.085。可以看出，旱地转出的平均效应是水田转出的 2 倍多，说明旱地转出比水田转出更能提高农户非农就业人员占比，可能原因是旱地种植的农作物种类较多，且旱地作物要比水田作物的农业生产过程更为烦琐和耗时，因此，转出旱地能释放更多的农村劳动力。

表 5-9 土地流转对非农就业人员占比的 PSM 估计

类别	方法	处理组	控制组	ATT 值	标准误
土地是否转出	未匹配	0.415	0.345	0.071***	0.024
	匹配 1	0.415	0.341	0.074***	0.025
	匹配 2	0.415	0.342	0.073***	0.025
	匹配 3	0.415	0.34	0.075***	0.028
水田是否转出	未匹配	0.381	0.353	0.028**	0.013
	匹配 1	0.381	0.352	0.029**	0.013
	匹配 2	0.381	0.352	0.029**	0.013
	匹配 3	0.381	0.351	0.030**	0.015
旱地是否转出	未匹配	0.427	0.345	0.082***	0.021
	匹配 1	0.427	0.341	0.086***	0.024
	匹配 2	0.427	0.343	0.084***	0.023
	匹配 3	0.433	0.348	0.084***	0.025

注：匹配 1 为半径匹配法，匹配 2 为核匹配法，匹配 3 为马氏匹配法。*、**、*** 分别代表 10%、5%、1% 水平的显著性。

(三) 土地转出面积对农户非农就业人员占比的 GPSM 估计

上文验证了土地转出要比土地未转出更能提升农户非农就业人员占比，但尚不清楚土地转出面积对农户非农就业人员占比的影响，下文进一步采用 GPSM 分析两者的因果关系。

1. 广义倾向得分匹配估计的平衡性检验

在使用 GPSM 分析之前，首先检验处理变量是否需要满足正态分布的假设条件，通过检验土地转出面积、水田转出面积和旱地转出面积分布的偏度和峰度，发现 3 个处理变量服从正态分布的原假设。然后，运用 Fractional Logit 模型估计广义倾向得分，检验经过广义倾向得分调整后的协变量是否通过平衡性检验。

根据 Hirano 和 Imbens (2004) 平衡性检验的思路需要对样本进行分组，由于处理变量土地转出面积极值化后的取值在 [0, 1]，根据对处理强度较小区间进行细分和对处理强度较大区间进行粗分的原则，选择的划分临界点为处理强度的 0.1 和 0.5。根据划分临界值，将 3 种土地流转样本分别分成 3 组，通过比较任意一组中某个协变量均值与其他两组合并后该协变量均值的差异来判断平衡性，如果不存在显著差异就表明通过了平衡性检验。表 5-10 和表 5-11 汇总了 3 种土地流转样本各组中协变量的估计值，估计结果表明经过广义倾向得分调整后各协变量都不显著，说明匹配效果较好，通过了平衡性检验。

表 5-10 全部土地转出面积广义倾向得分匹配平衡性检验

变量	[0，0.1]	(0.1，0.5]	(0.5，1]
户主受教育水平	−0.097	0.081	0.206
	(0.170)	(0.289)	(0.185)
家庭社会资本	0.040	−0.351	0.452
	(0.352)	(0.571)	(0.361)
家庭负担系数	−0.427	0.372	0.585
	(0.363)	(0.648)	(0.413)
不健康成员比例	0.054	−0.061	−0.050
	(0.041)	(0.054)	(0.035)
农业机械数量	0.015	−0.036	−0.032
	(0.036)	(0.063)	(0.041)
务农积极性	−0.367	0.303	0.544
	(0.250)	(0.277)	(0.371)
地区类型	−0.002	0.204	−0.080
	(0.060)	(0.203)	(0.065)
户主受教育水平	−0.065	0.208	0.007
	(0.059)	(0.141)	(0.064)

注：括号中的数字为标准误。

表 5-11 水田和旱地转出面积广义倾向得分匹配平衡性检验

变量	水田转出面积			旱地转出面积		
	[0，0.1]	(0.1，0.5]	(0.5，1]	[0，0.1]	(0.1，0.5]	(0.5，1]
户主受教育水平	−0.163	−0.009	0.086	0.023	0.174	−0.463
	(0.204)	(0.352)	(0.211)	(0.370)	(0.421)	(0.400)
家庭社会资本	−0.053	−0.154	0.559	−0.626	0.807	−0.015
	(0.439)	(0.690)	(0.407)	(0.686)	(0.811)	(0.758)

（续）

变量	水田转出面积			旱地转出面积		
	[0, 0.1]	(0.1, 0.5]	(0.5, 1]	[0, 0.1]	(0.1, 0.5]	(0.5, 1]
家庭负担系数	−0.243	0.138	0.218	−0.646	1.101	−0.541
	(0.420)	(0.886)	(0.465)	(0.732)	(0.971)	(0.915)
不健康成员比例	0.047	−0.094	−0.022	0.040	−0.202	−0.011
	(0.037)	(0.067)	(0.040)	(0.073)	(0.190)	(0.085)
农业机械数量	−0.002	0.043	0.007	0.062	−0.193	0.032
	(0.043)	(0.077)	(0.046)	(0.078)	(0.198)	(0.092)
务农积极性	−0.369	0.504	0.491	−0.704	0.900	0.607
	(0.295)	(0.341)	(0.299)	(0.480)	(0.612)	(0.400)
地区类型	−0.036	0.254	−0.042	−0.077	0.136	0.023
	(0.072)	(0.226)	(0.075)	(0.131)	(0.157)	(0.148)

注：括号中的数字为标准误。

2. 广义倾向得分匹配处理效应估计结果

表 5-11 为广义倾向得分匹配处理效应的估计结果，根据公式可以估计出不同类型土地转出面积在不同处理水平上农户非农就业人员占比的期望值和边际变化。采用二阶逼近式估计结果显示，全部土地转出面积及其平方、倾向得分变量及其平方、两者交互项都通过了显著性检验；水田转出面积及其平方、倾向得分变量及其平方、两者交互项都通过了显著性检验；旱地转出面积及其平方、倾向得分变量及其平方、两者交互项都通过了显著性检验，说明二阶逼近式估计法较为合适。从表 5-12 可知，全部土地转出面积、水田转出面积和旱地转出面积的处理效应皆为正值，且各类型土地转出面积与农户非农就业人员占比并非线性关系，三者的处理效应随着流转面积的提高而呈现不断增加的趋势，但不同处理水平上的各类土地转出面积的边际效应有所差别。从全部转出土地面积来看，在处理水平为 0～0.7 时，农户非农就业人员占比随着土地转出面积的增加而上升的幅度较小；当土地转出面积超过 0.7 处理水平后，土地转出面积增加对农户非农就业人员占比的提升更为明显。

从水田和旱地转出面积来看，在处理水平为 0～0.7 时，土地转出面积对农户非农就业人员占比的提升作用不明显；在超过 0.7 处理水平后，土地转出面积的增加更能显著提高农户非农就业人员占比。总体来看，土地转出面积增加对农户非农就业人员占比的影响存在规模报酬递增效益，即随着土地转出面积的增加，农户非农就业人员占比的提升幅度要高于土地转出面积的提升幅度。造成这种现象的可能解释是，土地转出面积对农户劳动力从事非农生产经营活动存在一定的门槛效应，即当农户土地转出面积过小时，对释放附着在土地上劳动力作用不大，农户依然需要耗费较多的劳动力和时间去经营土地；当土地转出面积达到一定值时，则有更多劳动力从事非农生产经营活动。

从不同类型土地转出面积来看，在处理水平超过 0.3 时，旱地转出面积增加所带来的农户非农就业人员占比的提升效应要大于水田流转的效应，说明旱地转出更能促进农户非农就业人员占比的提高，可能原因如下：水田一般用于种植大田作物，且农业机械使用程度高，规模经济和机械化操作能有效节约劳动力；而旱地一般种植的农作物品种较多，且机械化程度较低，导致经营旱地需要耗费更多的劳动力。

表 5 - 12 各类土地转出面积对非农就业人员占比的 GPSM 估计

处理水平	土地转出面积		水田转出面积		旱地转出面积	
	处理效应	标准误	处理效应	标准误	处理效应	标准误
0.1	0.272***	0.076	0.263***	0.062	0.006***	0.126
0.2	0.453***	0.095	0.404***	0.079	0.229***	0.178
0.3	0.711***	0.089	0.605***	0.068	0.585***	0.178
0.4	1.048***	0.072	0.868***	0.057	1.076***	0.153
0.5	1.463***	0.070	1.191***	0.078	1.700***	0.138
0.6	1.957***	0.094	1.575***	0.112	2.458***	0.157
0.7	2.528***	0.125	2.021***	0.134	3.349***	0.191
0.8	3.178***	0.150	2.527***	0.127	4.375***	0.214
0.9	3.906***	0.169	3.094***	0.090	5.535***	0.224
1	4.712***	0.202	3.722***	0.108	6.828***	0.274

注：括号中的数字为标准误。*、**、*** 分别代表10%、5%、1%水平的显著性。

通过倾向得分匹配法估计所得的期望值和边际效应能够求出不同类型土地转出面积对农户非农就业人员占比的处理效应函数。图5-4分别为全部土地转出面积、水田转出面积和旱地转出面积对非农就业人员占比处理效应函数的示意图。各图的中间实线为不同类型土地转出面积与农户非农就业人员占比的函数关系，实线的上下两条虚线分别代表GPSM函数95%的置信上限和置信下限，为保证估计结果的有效性，各GPSM的处理效应函数式都由自举法（Bootstrap）重复500次估计所得。总体来看，各类型土地转出面积对农户非农就业人员占比的影响都为正，且非农就业人员占比随着土地转出面积的增加而在不断提高，存在明显的规模报酬递增效益。

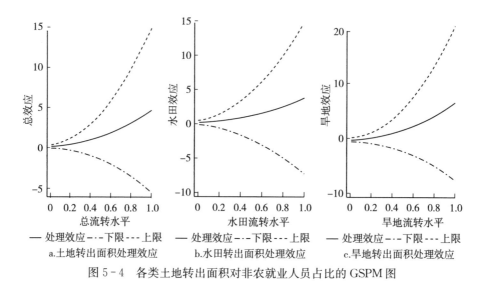

图5-4 各类土地转出面积对非农就业人员占比的GSPM图

三、土地转出对人均非农就业时间的影响

（一）样本匹配效果检验

劳动力配置包括劳动类型和劳动时间两方面，但上文只是探讨了土地转出对农户劳动力类型的影响，本部分接着分析土地转出对农户劳动时间的影响。选择农户人均非农就业时间作为因变量，先采用PSM模型分析土地是否转出对人均非农就业时间的影响，然后使用GPSM模型分析土地转出面积对人均非农就业时间的影响。在使用倾向得分匹配法前依然通过查看平衡

性回归结果和倾向值分布效果图检验匹配变量在处理组和控制组之间的平衡性，表5-13为倾向得分匹配的平衡性检验结果。从表5-13可知，户主受教育水平、家庭社会资本、家庭负担系数、不健康成员比例、农业机械数量、务农积极性和地区类型存在显著差异，匹配前各协变量均值差异都高于匹配后各协变量均值差异。只有保证匹配后土地转出户和土地未转出户在匹配变量上无明显差异，倾向得分匹配的结果才更具科学性和可靠性。判定匹配效果的方法是比较各协变量匹配后的标准偏差是否小于20%，从表5-13可知各匹配变量的标准偏差都在20%以下，说明匹配效果较理想。本部分也检验了水田转出和旱地转出农户匹配结果的平衡性，检验结果显示都满足平衡性假设，限于篇幅，未在书中列出。

表5-13 非农就业时间模型的PSM平衡性检验结果

变量	类别	均值		偏差（%）	缩小（%）
		处理组	控制组		
户主受教育水平	U	6.170	7.000	−20.3	
	M	6.170	5.662	12.5	38.7
家庭社会资本	U	9.410	9.379	2.3	
	M	9.410	9.393	1.2	46.1
家庭负担系数	U	6.691	7.453	−22.8	
	M	6.691	6.663	0.8	96.3
不健康成员比例	U	0.399	0.302	30.7	
	M	0.399	0.427	−8.9	71.2
农业机械数量	U	1.134	2.203	−81	
	M	1.134	1.165	−2.3	97.1
务农积极性	U	0.402	1.083	−63.1	
	M	0.402	0.433	−2.9	95.5
地区类型	U	0.371	0.497	−25.6	
	M	0.371	0.320	10.5	59.2

注："U"表示未匹配，"M"表示匹配。

接着采用图示法更为直观展示匹配效果，图5-5分别为土地转出户（处理组）和土地未转出户（控制组）的PS值匹配前后的核密度。从图5-5

可知，匹配前处理组和控制组的倾向得分概率的分布曲线完全不一致，匹配后两者的分布曲线较为重合，说明匹配后处理组和控制组的特征都较为相似，匹配结果满足倾向得分匹配法所需要的共同支撑假设。按照土地流转的类型，也对比了转出旱地农户和转出水田农户匹配前后倾向值分布效果图，结果显示匹配效果都较好，限于篇幅，未在书中列出。

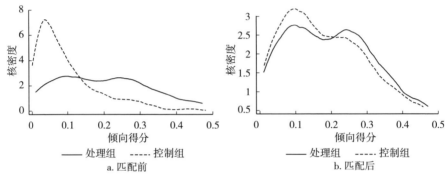

图 5-5　非农就业时间匹配前后倾向得分核密度分布图

倾向得分匹配法有多种估计方法，为检验估计结果的稳健性，同时采用半径匹配法、核密度匹配法和马氏匹配法分别估计土地是否转出、水田是否转出和旱地是否转出对农户人均非农就业时间的平均处理效应，具体估计结果见表 5-14。从土地是否转出对农户人均非农就业时间的平均处理效应来看，匹配前土地转出会使农户人均非农就业时间显著增加 0.503 个单位，匹配后 3 种匹配法的估计的 ATT 值分别是 0.607、0.606 和 0.600，且估计结果都在 1％水平上显著。总体来看，通过匹配法消除样本差异后，土地转出净效应 ATT 值的平均系数为 0.604，明显大于未匹配前的估计系数，表明样本估计偏误会低估土地转出效应。与土地未转出相比，土地转出更能提高农户人均非农就业时间，说明土地转出能较大程度减少农户的农业生产时间，从而让农户将更多的劳动时间配置在非农生产经营领域。

从水田是否转出对农户人均非农就业时间的平均处理效应来看，匹配前水田转出会使农户人均非农就业时间显著增加 0.375 个单位，匹配后 3 种匹配法的估计的 ATT 值分别是 0.390、0.392 和 0.400，且估计结果都在 1％水平上显著，水田转出的净效应 ATT 值的平均系数为 0.394。从旱地是否转出对农户人均非农就业时间的平均处理效应来看，匹配前旱地转出会使农户人均非农就业时间显著增加 0.537 个单位，匹配后 3 种匹配法的估计的 ATT 值分别是 0.612、0.616 和 0.624，且估计结果都在 1% 水平上显著，旱地转出的净效应 ATT 值的平均系数为 0.617。可以看出，旱地转出的平均效应是水田转出的 1 倍多，说明旱地转出比水田转出更能增加农户人均非农就业时间，可能原因是旱地种植的农作物种类较多，且旱地作物要比水田作物的农业生产过程更为烦琐和耗时，因此，旱地转出能释放更多的农村劳动力。

表 5 - 14　土地流转对人均非农就业时间的 PSM 估计

类别	方法	处理组	控制组	ATT 值	标准误
土地是否转出	未匹配	3.180	2.677	0.503 ***	0.091
	匹配 1	3.180	2.573	0.607 ***	0.097
	匹配 2	3.180	2.574	0.606 ***	0.073
	匹配 3	2.631	2.031	0.600 ***	0.081
水田是否转出	未匹配	2.652	2.277	0.375 ***	0.067
	匹配 1	2.652	2.262	0.390 ***	0.075
	匹配 2	2.598	2.206	0.392 ***	0.071
	匹配 3	2.731	2.331	0.400 ***	0.060
旱地是否转出	未匹配	8.533	7.996	0.537 ***	0.075
	匹配 1	8.533	7.922	0.612 ***	0.060
	匹配 2	8.496	7.880	0.616 ***	0.048
	匹配 3	8.530	7.906	0.624 ***	0.055

注：匹配 1 为半径匹配法，匹配 2 为核密度匹配法，匹配 3 为马氏匹配法。括号中的数字为标准误。 *、 **、 *** 分别代表 10%、5%、1% 水平的显著性。

（二）土地转出面积对人均非农就业时间的 GPSM 估计

上文验证了土地转出要比土地未转出更能增加人均非农就业时间，但尚不清楚土地转出面积对人均非农就业时间的影响，下文进一步采用 GPSM 分析两者的因果关系。

1. 广义倾向得分匹配估计的平衡性检验

在使用 GPSM 估计之前，首先检验处理变量 T_i 是否需要满足正态分布的假设条件，通过检验土地转出面积、水田转出面积和旱地转出面积分布的偏度和峰度，发现 3 个处理变量服从正态分布的原假设。然后，运用 Fractional Logit 模型估计广义倾向得分，检验经过广义倾向得分调整后的协变量是否通过平衡性检验。

根据 Hirano 和 Imbens（2004）平衡性检验的思路，需要对样本进行分组，由于处理变量土地转出面积极值化后的取值在 [0，1]，根据对处理强度较小区间进行细分和对处理强度较大区间进行粗分的原则，选择的划分临界点为处理强度的 0.1 和 0.5。根据划分临界值，将 3 种土地流转样本都分成 3 组，通过比较任意一组中某个协变量均值与其他两组合并后该协变量均值的差异来判断平衡性，如果不存在显著差异就表明通过了平衡性检验。表 5 - 15 和表 5 - 16 汇总了 3 种土地流转样本中各组中协变量的估计值，估计结果表明广义倾向得分调整后各协变量都不显著，说明匹配效果较好，通过了平衡性检验。

表 5 - 15　全部转出面积广义倾向得分匹配平衡性检验

变量	[0，0.1]	(0.1，0.5]	(0.5，1]
户主受教育水平	−0.219	0.452	0.131
	(0.195)	(0.254)	(0.255)
家庭社会资本	−0.185	0.366	0.451
	(0.419)	(0.516)	(0.514)
家庭负担系数	−0.326	0.989	0.442
	(0.409)	(0.554)	(0.563)
不健康成员比例	0.055	−0.135	0.001
	(0.034)	(0.146)	(0.047)
农业机械数量	0.002	−0.026	0.014
	(0.041)	(0.056)	(0.056)
务农积极性	−0.351	0.447	0.413
	(0.268)	(0.236)	(0.232)
地区类型	0.034	−0.115	0.016
	(0.067)	(0.090)	(0.090)

表 5 - 16　水田和旱地转出面积广义倾向得分匹配平衡性检验

变量	水田转出面积			旱地转出面积		
	[0，0.1]	(0.1，0.5]	(0.5，1]	[0，0.1]	(0.1，0.5]	(0.5，1]
户主受教育水平	−0.163	−0.009	0.086	0.023	0.174	−0.463
	(0.204)	(0.352)	(0.211)	(0.370)	(0.421)	(0.400)
家庭社会资本	−0.053	−0.154	0.559	−0.626	0.807	−0.015
	(0.439)	(0.690)	(0.407)	(0.686)	(0.811)	(0.758)
家庭负担系数	−0.243	0.138	0.218	−0.646	1.101	−0.541
	(0.420)	(0.786)	(0.465)	(0.732)	(0.971)	(0.915)
不健康成员比例	0.047	−0.094	−0.022	0.040	−0.202	−0.011
	(0.037)	(0.067)	(0.040)	(0.073)	(0.190)	(0.085)
农业机械数量	−0.002	0.043	0.007	0.062	−0.193	0.032
	(0.043)	(0.077)	(0.046)	(0.078)	(0.198)	(0.092)
务农积极性	−0.369	0.504	0.491	−0.704	0.900	0.607
	(0.195)	(0.341)	(0.299)	(0.480)	(0.512)	(0.400)
地区类型	−0.036	0.254	−0.042	−0.077	0.136	0.023
	(0.072)	(0.226)	(0.075)	(0.131)	(0.157)	(0.148)

2. 广义倾向得分匹配处理效应估计结果

表 5 - 17 为广义倾向得分匹配处理效应的估计结果，根据公式可以估计出不同类型土地转出面积在不同处理水平上人均非农就业时间的期望值和边际变化。采用二阶逼近式估计结果显示，全部土地转出面积及其平方、倾向得分变量及其平方、两者交互项都通过了显著性检验；水田转出面积及其平方、倾向得分变量及其平方、两者交互项都通过了显著性检验；旱地转出面积及其平方、倾向得分变量及其平方、两者交互项都通过了显著性检验，说明二阶逼近式估计法较为合适。从表 5 - 17 可知，全部土地转出面积、水田转出面积和旱地转出面积的处理效应皆为正值，且各类型土地转出面积与人均非农就业时间并非线性关系，三者的处理效应随着转出面积的提高而呈现不断增加的趋势，但在不同处理水平上的各类土地转出面积的边际效应有所差别。从全部土地转出面积来看，在处理水平为 0～0.7 时，人均非农就业时间随着土地转出面积的增加而增加的幅度较小；当土地转出面积超过 0.7

处理水平后，土地转出面积增加对人均非农就业时间的增加效应更为明显。

从水田和旱地转出面积来看，在处理水平为 0～0.7 时，水田和旱地转出面积对人均非农就业时间的增加作用不明显；在超过 0.7 处理水平后，水田和旱地转出面积的增加更能显著增加人均非农就业时间。总体来看，水田和旱地转出面积增加对人均非农就业时间的影响存在规模报酬递增效应，即随着土地转出面积的增加，人均非农就业时间的提升幅度要高于土地转出面积的提升幅度。造成这种现象的可能解释是，土地转出面积对农户劳动力从事非农生产经营活动存在一定的门槛效应，即当农户土地转出面积过小时，减少农户务农时间的作用不够明显，农户依然需要耗费较多的劳动力和时间去经营土地；当土地转出面积达到一定值时，农户则有更多时间从事非农生产经营活动。

从不同类型土地转出面积来看，在各处理水平上，旱地转出面积增加所带来的人均非农就业时间的增加效应要大于水田转出的效应，说明旱地转出更能促进农户人均非农就业时间的增加，可能原因如下：水田一般用于种植大田作物，且农业机械使用程度高，规模经济和机械化操作能有效节约劳动时间；而旱地一般种植的农作物品种较多，且机械化程度较低，导致经营旱地需要耗费更多的劳动时间。

表 5 - 17　土地转出面积对人均非农就业时间的 GPSM 估计

处理水平	土地转出面积		水田转出面积		旱地转出面积	
	处理效应	标准误	处理效应	标准误	处理效应	标准误
0.1	0.006 ***	0.002	0.263 ***	0.020	1.319 ***	0.255
0.2	0.229 ***	0.011	0.404 ***	0.067	2.168 ***	0.354
0.3	0.585 ***	0.055	0.605 ***	0.051	3.186 ***	0.354
0.4	1.076 ***	0.032	0.868 ***	0.271	4.372 ***	0.319
0.5	1.700 ***	0.439	1.191 ***	0.225	5.726 ***	0.314
0.6	2.458 ***	0.072	1.575 ***	0.110	7.248 ***	0.358
0.7	3.349 ***	0.832	2.021 ***	0.425	8.939 ***	0.406
0.8	4.375 ***	0.717	2.527 ***	0.570	10.799 ***	0.425
0.9	5.535 ***	0.727	3.094 ***	0.144	12.826 ***	0.478
1	6.828 ***	0.862	3.722 ***	0.447	15.023 ***	0.745

注：括号中的数字为标准误。* 、** 、*** 分别代表10%、5%、1%水平的显著性。

　　通过倾向得分匹配法估计所得的期望值和边际效应，能够求出不同类型土地转出面积对农户人均非农就业时间的处理效应函数。图 5 - 6 分别为全部土地转出面积、水田转出面积和旱地转出面积对人均非农就业时间处理效应函数的示意图。各图的中间实线为不同类型土地转出面积与人均非农就业时间的函数关系，实线的上下两条虚线分别代表 GPSM 函数 95％的置信上限和置信下限，为保证估计结果的有效性，各 GPSM 的处理效应函数式都采用自举法（Bootstrap）重复 500 次估计所得。总体来看，各类型土地转出面积对人均非农就业时间的影响都为正，且人均非农就业时间随着土地转出面积的增加而在不断增加，但存在明显的规模报酬递增效应。

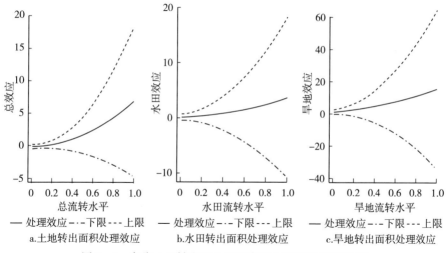

图 5 - 6　各类土地转出对人均非农就业时间的 GSPM 图

第四节　本章小结

　　本章采用实证方法分析了土地流转对农户农业种植结构和非农就业的影响，以厘清土地流转对生计策略的影响。土地转入对农业种植结构影响的实证结果表明：通过倾向得分匹配法（PSM）估计可得，土地转入比土地未转入更能显著促进农户农业种植结构"趋粮化"，全部土地转入、水田转入和旱地转入分别能显著提高粮食作物播种面积占比 0.36、0.39 和 0.13 个单位，可以得出水田转入"趋粮化"的作用效应是旱地转入的 3 倍；通过广义倾向得分匹配法（GPSM）估计可得，全部土地转入面积、水田转入面积和旱地转入面积对农业种植结构调整有显著的正向影响，随着不同类型土地转入规模的增大，粮食作物播种面积占比也在不断提高，且呈现出明显规模报酬递增的趋势，即粮食作物播种面积占比提升的幅度要大于土地流转面积提升的幅度。

由土地转出对农户非农就业影响的实证结果表明：通过倾向得分匹配法估计可得，土地转出对农户非农就业人员占比和人均非农就业时间有显著的正向作用，全部土地转出、水田转出和旱地转出分别能显著提高农户非农就业人员占比 0.074、0.029 和 0.085 个单位，全部土地转出、水田转出和旱地转出分别能显著增加农户人均非农就业时间 0.006、0.264 和 1.319 个单位。通过广义倾向得分匹配法估计可得，土地转出面积对农户非农就业人员占比和人均非农就业时间有显著的正向作用，且随着不同类型土地转出面积的增加，农户非农就业人员占比和人均非农就业时间也在不断增加，且呈现出明显规模报酬递增的趋势，即农户非农就业人员占比和人均非农就业时间提升的幅度要高于土地转出面积提升的幅度。总体来看，土地流转有助于促进转入户和转出户的生计策略多样化。共同富裕不能让农民群体掉队，农户可持续生计是提高农民收入和缩小城乡差距的前提条件。促进转入户和转出户的生计多样化能有效提升农户的可持续生计，对促进共同富裕意义重大。

土地流转对农户福祉的
影响分析

　　增进人民福祉是中国经济社会发展的根本目标，土地流转是为了适应当前农业现代化的发展需求，也是乡村振兴和共同富裕的内在需求。但土地流转改变了农户原有的生计资本禀赋，生计资本的重组必然会带来农户生产和生活方式的分化，也使得土地社会保障功能被弱化，对农户的生计可持续性可能带来一定的风险，分析土地流转对农户福祉的影响就显得尤为重要。一般而言，土地流转对转入户和转出户的生计资本和生计策略的影响不同，则对两者的福祉效应也应有所不同，土地流转主要会对转入户的农业生产经营效益产生影响，对转出户的非农经营收益产生影响。因此，本章分析土地流转对农户生产成本和贫困脆弱性的影响，厘清土地流转对农户福祉的影响，对制定相应措施减小土地流转风险冲击、促进农户的可持续生计具有重要意义。

第一节　数据来源和模型构建

一、数据来源

（一）关于土地流转与农业生产成本方面的数据

　　本项研究数据来自课题组 2018 年对湖北省农户的实地调查，此次调查涵盖家庭人口基本信息、自然和物质资产、生产经营情况、土地流转行为和农户政策认知情况等。调研地点在监利市和蕲春县，共涉及 44 个村，每个村调查 26 名农户，共调查 1 144 户，剔除无效问卷 24 份，共获得有效样本1 120 份。

(二) 关于土地流转与农户贫困脆弱性方面的数据

本项研究数据来自课题组 2016 年对湖北省农户的实地调查，此次调查的内容涵盖家庭人口基本信息、家庭物质资产、家庭社会资产、借贷行为、家庭生产经营情况、农地流转行为和农业政策认知情况等。为保证样本选取具有代表性，调研地点选取了英山县、蕲春县、沙市、阳新县和老河口市等5 个县市，在一定程度上能够代表湖北省的东中西部。采用随机抽样的方法，在每个县市抽取 5 个乡镇，每个乡镇抽取 2 个村，每个村抽取 35 户农户，共调查 1 750 户农户，剔除无效样本 68 份，共获得有效样本 1 682 份。

二、模型构建

(一) 土地转入与农业生产成本的计量模型

一般而言，土地转入后农户的土地经营面积得到扩大，所产生的农业规模经营效应会降低农业生产成本；但反过来，农业生产要素价格上涨导致农业生产成本不断上升，农户为了降低农业生产成本，可能会进行土地转入。因此，在理论层面上，土地转入和农业生产成本可能存在互为因果的关系，回归模型中需要克服可能存在的内生性和样本自选择偏误。目前，PSM 是较好解决模型内生性的方法，本研究可采用 PSM 方法得出土地是否转入对农业生产成本的净效应。PSM 的操作思路为：首先，构建反事实框架，估计出每个样本在既定影响因素特征向量的条件下可能会发生土地流转的条件概率，此概率为倾向得分值（PS 值），具体表达公式为

$$PS_i = \Pr[D_i = 1 \mid x_i] = E[D_i = 0 \mid x_i] \qquad (6-1)$$

式（6-1）中，$D_i = 1$ 表示农户参与土地流转，$D_i = 0$ 表示农户未参与土地流转；x_i 为可观测到的协变量。其次，根据倾向得分值将土地流转农户与土地未流转农户进行匹配，确保两组特征相近；最后，利用控制组模拟处理组的反事实状态，比较农户在流转和未流转土地这两种互斥事实下农业生产成本的差异，差值即为净处理效应。农业生产成本的平均处理效应（ATT）可表示为

$$ATT = E[y_{1i} - y_{0i} \mid D_i = 1] = \frac{1}{N_t} \sum_{i \in t} y_t^i - \frac{1}{N_t} \sum_{j \in t} \lambda(p_i, p_j) y_c^j$$

$$(6-2)$$

式（6-2）中，y_{0i} 表示未参与土地流转农户未来农业生产成本，y_{1i} 表示参与土地流转农户未来农业生产成本；N_t 为土地流转的农户；t 为匹配后的处理组，c 为匹配前的控制组；y_i^t 为处理组中第 i 个土地流转农户的观测值，y_j^c 为控制组中第 j 个土地未流转农户的观测值；p_i 为处理组农户 i 的预测概率值，p_j 为控制组农户 j 的预测概率值；$\lambda(p_i, p_j)$ 为权重函数，不同匹配方法对应不同权重函数。

　　PSM 方法适用于处理变量为二元取值的虚拟变量，也就只能探究出土地流转和土地未流转对农业生产成本影响的差异，因此，PSM 更多应用于政策评估类研究。虽然通过 PSM 能在一定程度上评估出土地流转降低成本的效应，但不能得出土地流转面积与农业生产成本之间的因果关系，因此，需要一种能处理关键变量为连续变量的评估模型来解决此问题。Hirano 和 Imbens（2004）提出的广义倾向得分匹配法（GPSM）能解决此问题，GPSM 是对 PSM 的拓展和延伸，能在每一处理水平上估计出土地流转面积对农业生产成本的影响。GPSM 假定在控制住协变量的情况下，土地流转面积对应的农业生产成本相互独立，也就说明土地流转面积的分布具有随机性，该方法也就能有效解决与协变量 X_i 相关的估计偏误。

　　GPSM 估计有 3 个步骤：首先，在给定协变量的情况下，运用极大似然法估计连续型处理变量 T_i 的条件概率分布 $G(T_i)$：

$$G(T_i)\,|\,X_i \sim N[y(\lambda X_i), \sigma^2] \qquad (6-3)$$

式（6-3）中，$y(\lambda X_i)$ 为协变量 X_i 的线性函数；λ 和 σ^2 为待估参数。根据协变量 X_i 估计出广义倾向得分值：

$$\hat{P}_i = \frac{1}{\sqrt{2\pi\hat{\sigma}^2}} \exp\left\{ -\frac{1}{2\hat{\sigma}^2}[G(T_i) - y(\lambda X_i)] \right\} \qquad (6-4)$$

　　其次，使用处理变量 T_i 和式（6-4）估计出的广义倾向得分 $\hat{P}_i$ 构造模型，再求出结果变量 F_i 的条件期望（即农业生产成本），可得：

$$E(\hat{P}_i\,|\,T_i, \hat{P}_i) = \gamma_0 + \gamma_1 T_i + \gamma_2 T_i^2 + \gamma_3 \hat{P}_i + \gamma_4 \hat{P}_i^2 + \gamma_5 T_i \hat{P}_i \qquad (6-5)$$

式（6-5）中，γ_0、γ_1、γ_2、γ_3、γ_4、γ_5 为待估参数；$\hat{P}_i$、$\hat{P}_i^2$ 和 $T_i \hat{P}_i$ 的作用是消除模型中的内生性和样本选择偏误问题。

　　最后，将式（6-4）的回归结果代入式（6-5）中，进而可以得出处理

变量为 t 时的结果变量 F_i 的期望值：

$$\hat{E}[F(t)] = \frac{1}{N}\sum_{i=1}^{N}[\hat{\gamma}_0 + \hat{\gamma}_1 t + \hat{\gamma}_2 t_i^2 + \hat{\gamma}_3 \hat{p}(t,X_i) + \hat{\gamma}_4 \hat{p}(t,X_i)^2 + \hat{\gamma}_5 t\hat{p}(t,X_i)]$$

$$(6-6)$$

式（6-6）中，N 为样本观测值；$\hat{p}$（t，X_i）为处理变量的条件概率密度预测值，处理变量的取值范围 $\overline{T}=[t_0,\ t_1]$ 划分为 n 个子区间，在每个子区间内能分别估计出土地流转面积对农业生产成本的因果效应。将各取值范围下的因果效应连接起来，就可得出 $\overline{T}$ 区间内因果效应大小与土地流转面积之间的函数关系图。

（二）土地转出与农户贫困脆弱性的计量模型

1. 贫困脆弱性测度

贫困脆弱性是将风险冲击与家庭福祉联系在一起，一般认为贫困脆弱性是不可观察的、动态的和前瞻性的，强调贫困产生的预期。Chaudhuri（2003）以及 Zhang 和 Wan（2009）认为贫困脆弱性是指家庭或者个人因为遭受不确定性风险冲击而陷入贫困或者无法摆脱贫困的概率。贫困脆弱性的计算方法如下：

$$V_{it} = \Pr(Y_{i,t+1} \leqslant Z) \qquad (6-7)$$

可以采用 Amemiya 提出的三阶段可行广义最小二乘法（FGLS）进行估计，在收入对数服从正态分布的假设下，即可计算出贫困脆弱性：

$$\hat{V}_i = \hat{P}(\ln Y_i < \ln Z \mid X_i) = \varphi\left[\frac{\ln Z - X_i\hat{\beta}}{\sqrt{X_i\hat{\rho}}}\right] \qquad (6-8)$$

2. 计量模型构建

本模型运用湖北省 1 682 个农户调查数据作为研究样本，构建如式（6-9）所示的计量回归模型，以考察土地转出对农户贫困脆弱性的影响：

$$Y_i = \alpha_0 + \beta_0 x_i + \sum y_i Z_i + \mu_i \qquad (6-9)$$

式（6-9）中，下标 i 表示单个农户；Y_i 为农户贫困脆弱性值，有高、中、低 3 条标准贫困脆弱性值；x_i 为核心解释变量，主要包括转出土地面积、转出旱地面积、转出水田面积、有无土地转出、有无旱地转出和有无水田转出；Z_i 为其他控制变量，包括家庭人均外出务工时间、家庭受培训人员比例、人情往来支出、家庭社会网络、家庭储蓄、家庭负担系数、农户市场化率和农业物资资本；μ_i 是随机扰动项；α_0、β_0、y_i 为待估参数，其中，β_0 是重点关注的参数。

PSM 的基本思路为：首先，利用 Logit 模型计算每个样本农户参与土地流转的条件概率拟合值，此概率值即为倾向得分值（PS 值），PS 值相近的参与土地流转的农户与未参与土地流转的农户构成了共同支撑领域。

$$PS_i = \Pr[D_i = 1 | x_i] = E[D_i = 0 | x_i] \qquad (6-10)$$

然后，将参与土地流转的农户和未参与土地流转的农户逐一匹配，确保控制组和处理组的主要特征尽可能相似。最后，利用控制组模拟处理组的反事实状态（即未参与流转情况），比较农户在参与和不参与土地流转这两种互斥事实下的贫困脆弱性差异，差值即为净处理效应。在计算得到农户土地流转的倾向值后，农户贫困脆弱性的平均处理效应（ATT）可以表示为：

$$ATT = E[y_{1i} - y_{0i} \mid D_i = 1] = \frac{1}{N_t} \sum_{i \in t} y_i^t - \frac{1}{N_t} \sum_{j \in t} \lambda(p_i, p_j) y_c^j$$

$$(6-11)$$

式（6-11）中，y_{0i} 表示未参与土地流转农户未来贫困脆弱性，y_{1i} 表示参与土地流转农户未来贫困脆弱性；N_t 代表土地流转农户的样本数；t 代表匹配后的处理组，c 代表匹配前的控制组；y_i^t 为处理组中第 i 个参与土地流转农户的观测值，y_c^j 为控制组中第 j 个没有参与土地流转农户的观测值；p_i 为处理组农户 i 的预测概率值，p_j 为控制组农户 j 的预测概率值；$\lambda(p_i, p_j)$ 为权重函数，不同的匹配方法有不同的权重函数。

第二节　土地转入对农业生产成本的实证分析

中国农业对世界经济发展的贡献有目共睹，中国仅用占世界 7％的耕地养活了占世界 22％的人口，但目前仍处于从农业大国向农业强国迈进的阶段。近年来，随着国内大宗农产品市场价格的增加和国际农产品市场价格的下降，中国农产品的市场价格接近甚至顶破国际价格"天花板"，农业产量、进口量和库存量"三量齐增"的问题进一步恶化。其实，中国农业比较效益下降的根本原因是农业领域产前、产中和产后要素资源使用成本过高。提高农业比较效益可以从提高农产品市场价格和降低农业生产成本着手，但继续提高农产品市场价格将不利于本国农业发展，也会造成社会生活成本过高和全面通货膨胀，最终形成"比价复归"的恶性循环。这说明试图通过提高农产品价格来提高农业生产比较效益的做法并不可行，降低农业生产成本成为提升农业比较效益的唯一路径。随着农村土地经营权流转比例不断提高，农业规模经营必然会带来农业生产效率和生产成本的改变，因此，厘清土地流转和农业生产成本的关系，对实现农业高质量发展和促进乡村振兴意义重大。

众多学者从多个方面探究了农业生产成本的制约因素。随着土地流转规模的不断扩大，土地流转势必会影响农业的生产成本，目前鲜有学者探究土地流转与农业生产成本之间的关系。尽管土地流转与土地规模经营紧密相关，但二者并不完全一致，土地规模经营是从存量角度研究土地面积对农业生产成本的影响，而土地流转是从增量角度研究土地面积对农业生产成本的影响，增量变化可能更对政策制定更具意义。因此，有必要评估土地流转对农业生产成本的影响效应，本章运用 PSM 和 GPSM 评估土地是否流转和土地流转面积对农业生产成本的净效应，并细分土地类型进一步探究不同类型土地流转对粮食作物成本和经济作物成本的影响。

一、变量选择和描述性统计

（一）农业生产成本

农业生产成本包括种子、化肥、农药、机械、电力和人工等多方面的成本，但本章不是分析土地流转对农业生产各子类成本的影响，而主要探究对农业生产总成本的影响。由于不同作物的生产成本差异较大，对作物分类考察可能更具有现实意义，本章将作物分为经济作物和粮食作物两大类。因此，因变量包括 3 个：即农业生产总成本、粮食作物成本和经济作物成本。表 6-1 为本模型中变量描述性统计。

（二）土地流转

本节主要分析土地转入对农业生产成本的影响，从是否转入土地和转入土地面积两方面来考察，并将土地流转类型细分为水田和旱地，最终生成3种是否转入土地的虚拟变量和3种转入土地面积的连续变量，分别为是否土地转入、是否水田转入、是否旱地转入、土地转入面积、水田转入面积、旱地转入面积。

(三) 控制变量

户主受教育水平：户主是家庭重要的生产经营决策成员，户主的受教育水平会影响家庭的生产经营决策。外出务工占比：外出务工会减少家庭的农业劳动力，在一定程度上会影响家庭的农业生产经营成本。农作物品种数：由于农业生产需要农业生产者具备较强的务农经验和精细化的田间操作，如果种植过多的农作物，可能不能兼顾农作物的各个生产环节，导致农业成本的提高。农地水源污染：水资源是农业生产的重要因素之一，农田周边的水源受到污染必然会增加农户的治水成本或取水成本，用农户农地周边的水源污染程度进行衡量。有效灌溉占比：一般而言，良好的灌溉基础设施能够保障农作物的正常生产，也能降低农业生产成本和增强灾害风险抵御能力。大棚面积占比：大棚面积占比在一定程度上能反映农业现代化水平，且能有效降低农业的管理费用等生产成本。复种指数：复种指数能促进农业投入要素的利用效率，避免单种造成投入要素的浪费。务农积极性：农业生产的积极性能够促进农业劳动者对农业生产进行更加精细化的管理，从而降低生产成本。地形特征：一般平原地区比非平原地区更能减少农业生产成本。

表6-1　农业生产成本模型的变量描述性统计

变量	计算方法	均值	标准差	最小值	最大值
农业生产总成本	实际值取对数	5.777	0.869	0	6.71
粮食作物成本	实际值取对数	5.335	1.999	0	7.07
经济作物成本	实际值取对数	5.407	1.235	0	6.11
是否土地转入	1＝转入；0＝未转入	0.296	0.457	0	1
是否水田转入	1＝转入；0＝未转入	0.208	0.406	0	1
是否旱地转入	1＝转入；0＝未转入	0.146	0.353	0	1
土地转入面积	实际值（公顷）	0.202	6.531	0	1.67
水田转入面积	实际值（公顷）	0.140	5.544	0	1.67

（续）

变量	计算方法	均值	标准差	最小值	最大值
旱地转入面积	实际值（公顷）	0.064	3.592	0	1.67
户主受教育水平	实际值（年）	6.889	3.465	0	15
外出务工占比	务工人数/家庭人数	0.200	0.211	0	1
农作物品种数	实际值（个）	2.231	1.231	0	7
农地水源污染	1＝无污染；2＝低污染；3＝高污染	1.621	0.736	1	3
有效灌溉占比	灌溉面积/耕地面积	0.766	0.283	0.05	1
大棚面积占比	大棚面积/耕地面积	0.040	0.725	0	1
复种指数	播种面积/耕地面积	1.228	0.531	0	2.4
务农积极性	1＝有；0＝无	0.570	0.496	0	1
地形特征	1＝非平原；0＝平原	0.709	0.455	0	1

二、土地转入对农业生产成本的 PSM 估计

（一）样本匹配效果检验

在倾向得分匹配估计前，需要检验匹配变量在处理组和控制组之间的平衡性，检验结果见表 6-2。土地转入户和土地未转入户在户主教育水平、外出务工占比、农作物品种数、农地水源污染、有效灌溉占比、大棚面积占比、复种指数、务农积极性和地形特征等方面存在显著差异，匹配前各协变量均值差异都高于匹配后各协变量均值差异。只有保证匹配后土地转入户和土地未转入户在匹配变量上无明显差异，倾向得分匹配的结果才更具科学性和可靠性。一般采用匹配后标准偏差是否小于 20％作为检验匹配效果的标准，当标准偏差小于 20％时，表明匹配效果较好；当标准偏差大于 20％时，表示匹配效果不理想。表 6-2 中各变量匹配后的标准偏差都小于 20％，表明匹配后除了土地转入外，各匹配变量都不存在显著差异，可见匹配结果较为理想。本研究也检验了转入旱地农户和转入水田农户匹配结果的平衡性，检验结果显示都满足平衡性假设，限于篇幅，未在书中列出。

表 6-2　农业生产成本模型的 PSM 平衡性检验结果

变量	样本	均值差异		标准化差异	
		实验组	控制组	偏差（%）	缩小（%）
户主受教育水平	U	7.109	6.797	8.9	
	M	7.138	7.407	−7.7	14.2
外出务工占比	U	0.187	0.205	−8.7	
	M	0.189	0.207	−8.4	3.2
农作物品种数	U	2.758	2.010	60.3	
	M	2.699	2.650	3.9	93.5
农地水源污染	U	1.750	1.567	24.5	
	M	1.748	1.772	−3.3	86.7
有效灌溉占比	U	0.257	0.219	10.1	
	M	0.252	0.262	−2.7	73.5
大棚面积占比	U	0.119	0.007	11.9	
	M	0.002	0.001	0.2	98.5
复种指数	U	1.146	1.262	−21.1	
	M	1.161	1.150	2	90.3
务农积极性	U	0.586	0.564	4.4	
	M	0.577	0.585	−1.6	63.1
地形特征	U	0.328	0.275	11.5	
	M	0.325	0.325	0	100

注："U"表示未匹配，"M"表示匹配。

此外，本研究通过对比匹配前后倾向值分布效果图，更加直观反映匹配的效果，见图 6-1。图 6-1 中分别为土地转入户（处理组）和土地未转入户（控制组）的 PS 值匹配前后的核密度，可以得出，匹配后两组样本倾向得分概率分布更加接近，说明两组样本各方面特征更为相似，表明匹配效果较好，满足倾向得分匹配法要求的共同支撑假设。本研究还对比了转入旱地农户和转入水田农户匹配前后倾向值分布效果图，结果显示匹配效果都较好，限于篇幅，未在书中列出。

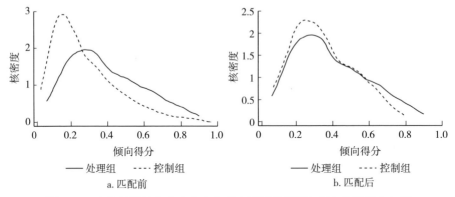

图 6-1 土地是否转入户农业生产成本匹配前后倾向得分核密度分布图

（二）土地转入对农业生产成本的 PSM 估计结果

为了保证估计结果的可靠性，同时采用半径匹配法、核匹配法、局部线性回归匹配法和马氏匹配法分别估计是否转入土地、是否转入水田和是否转入旱地对农业生产成本的平均处理效应，具体结果见表 6-3 至表 6-5。从是否转入土地对农业生产成本的平均处理效应来看，匹配前土地转入会使农业生产成本显著降低 0.81 个单位，采用 4 种匹配方法估计后，土地转入对农业生产成本的影响依然显著，各匹配法所估计的 ATT 值依次为 0.79、0.78、0.78 和 0.81。由于各匹配方法的估计结果相差不大，下文主要以核密度匹配法的 ATT 值作为模型的最终解释结果。总体而言，通过匹配法消除样本差异后，土地转入净效应 ATT 值为 0.79，要小于未匹配时的回归系数，说明样本偏误确实会高估土地转入的效应。匹配前水田转入对农业生产成本的估计系数为 1.03，各匹配法的估计系数分别为 1.01、1.06、1.04 和 1.03，即水田转入净效应 ATT 值为 1.04，说明匹配前也低估了水田转入的影响。匹配前旱地转入对农业生产成本的估计系数为 1.19，各匹配法的估计系数分别为 0.88、0.64、0.59 和 0.66，即旱地转入净效应 ATT 值的为 0.69，说明匹配前也高估了旱地转入的影响。总体来看，水田转入降低农业生产成本的作用更大。

表 6 - 3 土地流转对全部农业生产成本的 PSM 估计结果

流转类型	方法	全部作物	
		ATT 值	标准误
是否土地转入	未匹配	-0.806***	0.120
	匹配 1	-0.793***	0.129
	匹配 2	-0.783***	0.130
	匹配 3	-0.776***	0.130
	匹配 4	-0.805***	0.132
是否水田转入	未匹配	-1.025***	0.311
	匹配 1	-1.014***	0.211
	匹配 2	-1.055***	0.220
	匹配 3	-1.038***	0.225
	匹配 4	-1.027***	0.193
是否旱地转入	未匹配	-1.188***	0.211
	匹配 1	-0.877***	0.323
	匹配 2	-0.637*	0.328
	匹配 3	-0.588*	0.325
	匹配 4	-0.663*	0.346

注：匹配 1 为半径匹配法，匹配 2 为核密度匹配法，匹配 3 为局部线性回归匹配法，匹配 4 为马氏匹配法。*、**、*** 分别代表 10%、5%、1% 水平的显著性。

从是否土地转入对粮食作物生产成本的平均处理效应来看，匹配前土地转入对粮食作物生产成本的估计系数为 2.65，各匹配法的估计系数分别为 2.67、2.69、2.70 和 2.71，即土地转入净效应 ATT 值为 2.69。匹配前水田转入对粮食作物生产成本的估计系数为 2.05，各匹配法的估计系数分别为 2.10、2.21、2.15 和 2.21，即水田转入净效应 ATT 值为 2.17。匹配前旱地转入对粮食作物生产成本的估计系数为 1.86，各匹配法的估计系数分别为 1.79、1.66、1.84 和 2.12，即旱地转入净效应 ATT 值为 1.85。可以看出，水田转入更能降低粮食作物的生产成本。从土地转入对经济作物生产成本来看，土地转入对经济作物生产成本的 ATT 值为 0.56，水田转入对经济作物生产成本的 ATT 值为 0.73，旱地转入对经济作物生产成本的 ATT 值为 0.35。可以得出，水田转入更能降低经济作物的生产成本。

表 6-4　土地流转对粮食作物农业生产成本的 PSM 估计结果

流转类型	匹配方法	粮食作物	
		ATT 值	标准误
是否土地转入	未匹配	−2.650***	0.263
	匹配 1	−2.666***	0.280
	匹配 2	−2.688***	0.279
	匹配 3	−2.695***	0.287
	匹配 4	−2.705***	0.246
是否水田转入	未匹配	−2.048***	0.343
	匹配 1	−2.095***	0.426
	匹配 2	−2.211***	0.440
	匹配 3	−2.153***	0.574
	匹配 4	−2.213***	0.387
是否旱地转入	未匹配	−1.859***	0.307
	匹配 1	−1.787***	0.351
	匹配 2	−1.659***	0.360
	匹配 3	−1.835***	0.423
	匹配 4	−2.119***	0.317

注：*、**、*** 分别代表 10%、5%、1% 水平的显著性。

表 6-5　土地流转对经济作物农业生产成本的 PSM 估计结果

流转类型	方法	经济作物	
		ATT 值	标准误
是否土地转入	未匹配	−0.690***	0.220
	匹配 1	−0.584**	0.234
	匹配 2	−0.570**	0.234
	匹配 3	−0.492*	0.306
	匹配 4	−0.582**	0.244
是否水田转入	未匹配	−0.827***	0.146
	匹配 1	−0.716***	0.214
	匹配 2	−0.757***	0.220
	匹配 3	−0.681***	0.208
	匹配 4	−0.750***	0.234

（续）

流转类型	方法	经济作物	
		ATT 值	标准误
	未匹配	−0.357***	0.136
	匹配 1	−0.337**	0.151
是否旱地转入	匹配 2	−0.323**	0.157
	匹配 3	−0.358**	0.169
	匹配 4	−0.380**	0.162

注：*、**、*** 分别代表10%、5%、1%水平的显著性。

综合来看，通过倾向得分匹配法能有效消除样本选择偏误所带来的内生性等问题，土地转入对农业生产成本有显著的负向作用，也就是说土地转入能有效降低农业生产成本。一方面，由于农业生产过程中部分固定资本投入具有不可分割性，规模经营可以对机械、加工和储存等固定资本投入成本起到分摊作用，进而降低单位产品成本；另一方面，规模经营会促使农户加强经营管理能力，购买农机、病虫害防治等专业化服务，从而提高生产效率和增加单位产出，经营面积扩大所带来的农业补贴的增加也会提高农业收益。另外，从不同作物类别来看，土地转入降低粮食作物生产成本的幅度最大，可能原因是粮食作物比经济作物更容易进行规模经营，由规模效应所降低的生产成本也就更大。从不同土地类型来看，水田转入比旱地转入更能降低农业生产成本，且水田转入降低粮食作物生产成本幅度依然最大，可能原因是水田地块转入后，水田的整地和平地成本更低，且更适宜农业机械作业，进而导致水田降低农业生产成本的作用更大。

三、土地转入面积对农业生产成本的 GPSM 估计

（一）广义倾向得分匹配平衡性检验

倾向得分匹配法主要是评估处理变量为虚拟变量的净效应，不能估计出处理变量为连续变量时的净效应，即 PSM 只能分析出土地是否转入对农业生产成本的影响，但不能评估出不同土地转入面积对农业生产成本的影响，在实际的政策制定中，后者可能更具有现实意义。为了得出在不同处理水平上土地转入面积对农业生产成本的影响，拟采用广义倾向得分匹配法解决此

问题。首先，运用 Fractional Logit 模型估计广义倾向得分，并对经广义倾向得分调整匹配后的样本进行平衡性检验，检验结果见表 6-6 和表 6-7。限于篇幅，没有列出 3 种土地流转类型的 Fractional Logit 模型估计结果，由估计结果可知，所有协变量对农业生产成本有显著影响，表明模型中的协变量较为合理。根据 Hirano 和 Imbens 平衡性检验的思路，首先需要对样本进行分组。由于处理变量土地转入面积极值化后的取值在 [0，1]，通常的分组方法是观察处理变量极值化后的分布，根据对处理强度较小区间进行细分和对处理强度较大区间进行粗分的原则，本研究选择的划分临界点为处理强度的 0.1 和 0.86。

表 6-6　全部土地转入面积 GPSM 平衡性检验结果

变量	土地转入面积		
	[0，0.1]	(0.1，0.86]	(0.86，1]
户主受教育水平	−0.303	−0.234	0.203
	(0.346)	(0.522)	(0.389)
外出务工占比	−0.012	0.029	0.006
	(0.026)	(0.037)	(0.028)
农作物品种数	0.293	−0.187*	−0.260
	(0.164)	(0.246)	(0.168)
农地水源污染	0.042	0.067	−0.002
	(0.096)	(0.143)	(0.104)
有效灌溉占比	−0.052	0.014	0.046
	(0.041)	(0.062)	(0.041)
大棚面积占比	0.044	0.064	−0.088
	(0.118)	(0.187)	(0.113)
复种指数	−0.026	0.083	−0.034
	(0.065)	(0.096)	(0.067)
务农积极性	−0.019	0.101	−0.060
	(0.056)	(0.081)	(0.060)
地形特征	−0.143	0.216**	0.047
	(0.061)	(0.092)	(0.065)

注：括号中的数字均为稳健标准误。*、**、***分别代表 10%、5%、1%水平的显著性。

　　根据临界点将不同类型土地流转样本都分为 3 组，并检验不同类型土地流转匹配后样本在 3 个子区间的各匹配变量条件均值差异。表 6-7 为平衡性检验结果，检验结果表明，不同类型土地流转中 3 个子区间内各匹配变量的平均偏差基本不显著，说明各匹配变量经过匹配后不与处理变量相关，也说明各匹配变量在匹配后不存在系统性差异，匹配结果满足平衡性假定。然后，利用上一步的估计结果再测度出结果变量不同类型土地流转农业生产成本的条件期望，为更好拟合农业生产成本，采用二阶逼近式进行估计。不同类型土地流转的二阶逼近式估计结果表明，不同类型土地流转面积及其平方的估计系数通过了 1% 水平的显著性检验，倾向得分变量及其平方的估计系数通过了 1% 水平的显著性检验，但两者交互项都未通过显著性检验。限于篇幅，3 种土地流转的二阶逼近式估计结果未列出。本部分也检验了结果变量为粮食作物生产成本和经济作物生产成本时的平衡性，检验结果显示样本满足平衡性假定。因此，由于两者交互项未经显著性检验，需剔除两者交互项进行第三步估计。

表 6-7　水田和旱地转入面积 GPSM 平衡性检验结果

变量	水田转入面积			旱地转入面积		
	[0, 0.1]	(0.1, 0.86]	(0.86, 1]	[0, 0.1]	(0.1, 0.86]	(0.86, 1]
户主受教育水平	−0.490	0.590	0.423 6	−0.355	0.733 6	−0.251 6
	(0.369)	(0.416)	(0.661)	(0.610)	(0.768 5)	(0.833 0)
外出务工占比	−0.015	0.056*	−0.01	0.031	−0.021 2	0.031 7
	(0.028)	(0.031)	(0.046)	(0.039)	(0.045 3)	(0.050 8)
农作物品种数	0.274	−0.499**	0.156	0.627	−0.552 6**	−0.684 7
	(0.172)	(0.201)	(0.273)	(0.208)	(0.277 5)	(0.285 7)
农地水源污染	0.003	−0.051	−0.010	−0.020	−0.081 6	0.142 5
	(0.099)	(0.112)	(0.159)	(0.126)	(0.162 7)	(0.176 7)
有效灌溉占比	−0.019	0.074	−0.012	−0.093	0.041 1	0.161 3*
	(0.045)	(0.051)	(0.069)	(0.069)	(0.087)	(0.094 5)
大棚面积占比	−0.023	0.022	0.020	−0.034	0.004	−0.189 3
	(0.040)	(0.045)	(0.075)	(0.045)	(0.013)	(0.146 1)

（续）

变量	水田转入面积			旱地转入面积		
	[0, 0.1]	(0.1, 0.86]	(0.86, 1]	[0, 0.1]	(0.1, 0.86]	(0.86, 1]
复种指数	−0.005	0.076	−0.106	−0.085	0.102	−0.079
	(0.069)	(0.078)	(0.114)	(0.082)	(0.107)	(0.114 7)
务农积极性	−0.035	0.014	0.018	−0.067	0.054	−0.055 3
	(0.061)	(0.072)	(0.103)	(0.087)	(0.107)	(0.118 8)
地形特征	−0.066	0.219	−0.239	0.001**	0.149*	−0.086 7
	(0.062)	(0.071)	(0.100)	(0.054)	(0.085)	(0.102 1)

注：括号中的数字均为稳健标准误。*、**、***分别代表10%、5%、1%水平的显著性。

（二）土地转入面积对农业生产成本的 GPSM 估计结果

表6-8和表6-9为广义倾向得分匹配处理效应的估计结果。根据式（6-6）可以估计出不同类型土地转入面积在不同处理水平上农业生产成本的期望值及其边际变化。运用二阶逼近估计法回归可得，土地转入面积、水田转入面积和旱地转入面积的处理效应一直为负，且三者的处理效应随着转入面积的提高而呈现不断增加的趋势，但不同处理水平上的边际效应有所差异。

表6-8 全部土地转入面积 GPSM 处理效应估计结果

T 值	全部土地转入面积		
	全部作物	粮食作物	经济作物
0.1	−2.875 2***	−2.541 6***	−0.397***
	(0.164 2)	(0.232 3)	(0.215 0)
0.2	−5.701 9***	−5.716***	−1.897 8***
	(0.240 7)	(0.363 5)	(0.250 8)
0.3	−10.159 4***	−10.955 6***	−4.496 2***
	(0.251 2)	(0.460 0)	(0.219 8)
0.4	−16.247 8***	−18.260 3***	−8.192 2***
	(0.223 0)	(0.572 2)	(0.160 1)
0.5	−23.967 1***	−27.630 3***	−12.985 8***
	(0.196 3)	(0.701 8)	(0.149 9)

（续）

T 值	全部土地转入面积		
	全部作物	粮食作物	经济作物
0.6	−33.317 1***	−39.065 5***	−18.876 9***
	(0.224 0)	(0.818 7)	(0.204 3)
0.7	−44.298 1***	−52.565 8***	−25.865 7***
	(0.320 4)	(0.894 9)	(0.241 4)
0.8	−56.909 9***	−68.131 4***	−33.952***
	(0.467 9)	(0.939 0)	(0.204 6)
0.9	−71.152 5***	−85.762 1***	−43.136***
	(0.667 5)	(1.050 0)	(0.081 5)
1	−87.026***	−105.458***	−53.417 5***
	(0.938 8)	(1.425 9)	(0.293 7)

注：括号中的数字均为稳健标准误。＊、＊＊、＊＊＊分别代表10％、5％、1％水平的显著性。

表6-9 水田和旱地转入面积 GPSM 处理效应估计结果

T 值	水田转入面积			旱地转入面积		
	全部作物	粮食作物	经济作物	全部作物	粮食作物	经济作物
0.1	−5.227 2***	−1.440 3***	−2.752 8***	−0.057 5***	−0.553***	−0.453 6***
	(0.445 7)	(0.466 8)	(0.245 4)	(0.129 5)	(0.098 0)	(0.131 8)
0.2	−9.797 8***	−3.483 6***	−4.986 2***	−0.645 2***	−1.262 1***	−1.035 1***
	(0.655 0)	(0.669 4)	(0.329 2)	(0.154 1)	(0.156 0)	(0.183 5)
0.3	−17.294***	−7.710 1***	−9.184 2***	−2.226 6***	−2.763 7***	−2.288 1***
	(0.910 6)	(0.757 7)	(0.337 4)	(0.164 7)	(0.206 3)	(0.213 8)
0.4	−27.715 9***	−14.12***	−15.346 8***	−4.560 5***	−5.057 9***	−4.212 6***
	(1.299 9)	(0.817 2)	(0.372 1)	(0.159 9)	(0.274 3)	(0.231 9)
0.5	−41.063 4***	−22.713 2***	−23.474***	−7.646 9***	−8.144 5***	−6.808 6***
	(1.693 1)	(0.900 6)	(0.487 0)	(0.169 6)	(0.351 8)	(0.244 0)
0.6	−57.336 7***	−33.489 8***	−33.565 7***	−11.485 8***	−12.023 7***	−10.076***
	(1.930 6)	(1.001 4)	(0.635 8)	(0.207 3)	(0.415 3)	(0.249 6)
0.7	−76.535 6***	−46.449 6***	−45.622***	−16.077 3***	−16.695 4***	−14.014 9***
	(1.908 5)	(1.074 2)	(0.754 1)	(0.261 5)	(0.446 0)	(0.245 9)

（续）

T 值	水田转入面积			旱地转入面积		
	全部作物	粮食作物	经济作物	全部作物	粮食作物	经济作物
0.8	−98.660 1***	−61.592 8***	−59.642 8***	−21.421 2***	−22.159 7***	−18.625 3***
	(1.736 5)	(1.082 4)	(0.798 5)	(0.319 6)	(0.450 0)	(0.238 9)
0.9	−123.71***	−78.919 3***	−75.628 2***	−27.517 6***	−28.416 4***	−23.907 2***
	(2.203 3)	(1.063 8)	(0.768 4)	(0.383 4)	(0.500 5)	(0.264 9)
1	−151.69***	−98.429 1***	−93.578 2***	−34.366 5***	−35.465 7***	−29.860 6***
	(4.109 3)	(1.240 9)	(0.788 0)	(0.474 9)	(0.736 7)	(0.384 2)

注：括号中的数字均为稳健标准误。*、**、***分别代表10%、5%、1%水平的显著性。

从全部作物农业生产成本来看，不同类型土地转入面积在0～0.2处理水平上，增加土地转入面积会显著降低农业总生产成本，但降低效果不够明显；当不同类型土地转入面积超过0.2处理水平时，不同类型土地转入面积的处理效应提升较为明显，说明土地转入对降低农业总生产成本存在边际效用递增的作用，水田转入和旱地转入也基本遵循此规律。可能原因是土地转入对农业生产成本存在一定的门限值，只有超过流转门限值后土地规模经营对农业生产成本降低的效果更加明显，或者说，当土地转入面积较小时，农业规模经营增加的效益还不足以降低农业的生产成本。从不同类型土地转入来看，不同处理水平上水田转入的边际效应明显高于旱地转入的边际效应，且水田转入的边际效应递增趋势更明显。可能原因是水田转入后的平地和整地成本更低，且农业机械替代劳动力的可能性更大，更能节约农业生产成本。

从粮食作物和经济作物的生产成本来看，不同类型土地转入面积的处理效应依然为负，土地转入的处理效应依然呈边际效应递增的趋势，且水田转入对粮食作物生产成本和经济作物生产成本的边际效应更大。从不同作物生产成本来看，不同类型土地转入面积在不同处理水平上降低粮食作物生产成本的边际效应更大，可能原因是粮食为大田作物，土地集约化对提升大田作物生产效率的作用更大，也就更能降低粮食作物的生产成本。

由式（6-6）估计所得的期望值和边际效应可以得出不同类型土地转入

面积对不同类型作物农业生产成本的处理效应函数，限于篇幅，图 6-2 给
出了土地转入面积、水田转入面积和旱地转入面积对农业生产成本处理效应
函数的示意图。图 6-2 中的实线表示不同类型土地转入面积与农业生产成
本的函数关系，另外两条虚线分别代表 GPS 估计函数 95％的置信上限和置
信下限，该处理效应函数式通过自举法重复 500 次所得。综合来看，不同类
型土地转入面积对农业生产成本的降低能起到有效促进作用，其中，水田地
块的作用效应较大。

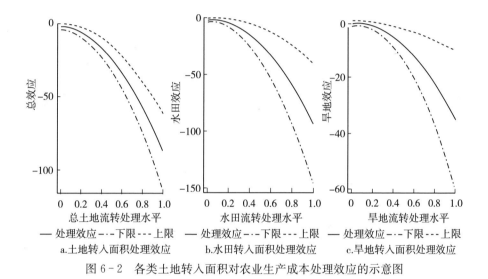

图 6-2　各类土地转入面积对农业生产成本处理效应的示意图

第三节　土地转出对农户贫困脆弱性的实证分析

消除贫困是人类的共同使命，是当今世界面临的最大全球性挑战之一。
中国政府历来重视农村贫困问题，2020 年我国脱贫攻坚战取得了全面胜利，
现行标准下 9 899 万农村贫困人口全部脱贫，832 个贫困县全部摘帽，12.8
万个贫困村全部出列，区域性整体贫困得到解决，完成了消除绝对贫困的艰
巨任务，创造了人类减贫史上的奇迹。党的十九届四中全会明确指出"坚决
打赢脱贫攻坚战，建立解决多维相对贫困的长效机制"，表明 2020 年后我国
将进入新的阶段，帮扶重心将由解决绝对贫困向缓解多维相对贫困转变（汪

三贵和胡骏，2020）。而且，摆脱贫困是中国实现乡村振兴和共同富裕的前提条件，因此，农村相对贫困问题仍需得到重视。土地一直以来都是农民赖以生存和发展的物质基础，对农户能够起到基本的社会保障功能，有着一定的减贫作用。随着国家农业现代化建设步伐的加快，土地细碎化经营已经不能满足农业现代化的发展需求了，土地流转势在必行。有学者就此提出，土地转出后的农户是否会因为土地经营权的丧失加重贫困的发生。若土地流转会加重贫困产生，土地政策制定前必然要权衡土地流转效益和农村贫困危害间的利弊。因此，探究土地流转对农户贫困脆弱性的影响显得尤为重要。

以往研究基本证实了土地流转能够有效缓解农村贫困，但都忽略了一个重要问题，即都只分析了土地转出的短期效应，没有考虑长期效应。这是因为贫困指标是一种事后测度，只能用来静态度量某个时点个人或家庭的福利状况，不能反映未来的福利状况以及相关风险。土地流转对农村家庭当期福利的影响是短期效应，但农村家庭未来可能会因为各种负向冲击而陷入贫困，因此，基于土地流转短期效应所制定的政策并不适用于那些在未来陷入贫困的家庭。众所周知，贫困的"预防"远比贫困的"治理"更为重要，而"预防"贫困就需要采用贫困脆弱性指标。贫困脆弱性是被世界银行在2002年《世界发展报告》中提出的，用来测度个体或家庭未来陷入贫困的可能性。贫困脆弱性测度是对农户贫困的事前预测，能够前瞻性地衡量农户土地流转后的长期效应，借此来准确识别未来可能陷入贫困的家庭，从而制定相应政策有效避免这些家庭在未来陷入贫困。

另外，以往学者在分析土地流转对贫困的影响时，大多没有考虑模型中样本选择偏误问题，但农户是否进行土地流转很可能是自我选择的结果。这是因为农户的土地流转决策会受家庭资源禀赋的影响，从而导致农户是否选择土地流转并非完全随机，如果仍采用传统计量方法进行估计，必然会降低模型估计的准确性和有效性。基于此，本节在测度农户贫困脆弱性的基础上，采用倾向得分匹配法（PSM）估计土地是否转出对农户贫困脆弱性的净效应，采用回归方程的Shapley值分解法估计土地转出面积对农户贫困脆弱性的贡献率，这两种方法都能有效解决样本选择偏误问题，保证模型估计的真实性。同时，把转出的土地分为水田和旱地，考察不同类型土地转出对农户贫困脆弱性影响的差异，也能在一定程度上考察土地流转对农户贫困脆弱性的作用机制。

一、变量选择和描述性统计

本节选取家庭人均纯收入来预测家庭贫困脆弱性，选取家庭人均非农收入来检验土地流转对家庭分项收入的影响机制。贫困线的选择会影响贫困脆弱性，许多研究学者认为中国国家贫困线相对于国际贫困线（1.9 美元和3.1 美元）而言较低，为了保证家庭贫困脆弱性衡量的准确性和稳健性，本研究分别选取高、中、低三种不同层次标准的脆弱性临界值，低标准脆弱性临界值为 2016 年的国家贫困线年人均纯收入 2 800 元，中标准脆弱性临界值为世界银行规定的国际贫困线标准每人每天 1.9 美元（年人均收入 4 319元），高标准脆弱性临界值为世界银行推荐发展中国家每人每天 3.1 美元的贫困线（年人均收入 7 047 元）。

本节的关键解释变量为土地转出面积和土地是否转出，主要分为转出土地面积、转出水田面积、转出旱地面积、土地有无转出、水田有无转出和旱地有无转出。表 6－10 为本模型中变量描述性统计。

表 6－10　变量计算方法及描述统计

变量含义	计算方法	均值	标准差
家庭人均纯收入	家庭人均纯收入取对数	8.762 3	1.761 4
家庭人均非农收入	家庭人均非农收入取对数	9.578 7	2.342 8
低标准脆弱性临界值	以国定线 2 800 元为标准测度脆弱值	0.489 3	0.191 8
中标准脆弱性临界值	以每天 1.9 美元为标准测度脆弱值	0.485 6	0.190 4
高标准脆弱值临界值	以每天 3.1 美元为标准测度脆弱值	0.481 5	0.188 8
土地有无转出	1＝有转出；0＝无转出	0.311 2	0.464 5
水田有无转出	1＝有转出；0＝无转出	0.251 7	0.435 4
旱地有无转出	1＝有转出；0＝无转出	0.112 6	0.317 1
转出土地面积	家庭转出土地面积的实际值（亩）	0.588 4	2.542 5
转出水田面积	家庭转出水田面积的实际值（亩）	0.464 9	2.239 0
转出旱地面积	家庭转出旱地面积的实际值（亩）	0.145 2	1.178 9

（续）

变量含义	计算方法	均值	标准差
家庭人均外出务工时间	家庭全年在外务工时间/家庭总人口（月/人）	1.751 0	2.342 5
家庭受培训人员比例	家庭受培训人数/家庭总人数	0.092 8	0.190 4
人情往来支出	家庭全年人情往来支出取对数	7.368 0	3.084 5
家庭社会网络	家庭过年期间相互拜年的家数（家）	0.605 3	0.489 1
家庭储蓄	家庭储蓄取对数	9.382 1	1.380 0
家庭负担系数	（家庭中大于 60 岁的人数＋家庭中小于 18 岁的人数）/家庭总人数	0.313 0	0.287 4
农户市场化率	家庭农产品销售值/农业总产值	0.614 5	0.426 2
农业物资资本	家庭农业生产工具的数量（个）	0.560 4	0.496 6

二、土地转出对农户贫困脆弱性的基准回归

（一）不同类型土地转出面积对农户贫困脆弱性的影响

表 6-11 至 6-13 为不同类型土地转出面积对贫困脆弱性的估计结果，采用 2 800 元国定线、1.9 美元贫困线和 3.1 美元贫困线分别考察土地转出面积、水田转出面积和旱地转出面积对其贫困脆弱性的影响。表 6-11 中模型的因变量为土地转出面积，表 6-12 中模型的因变量为水田转出面积，表 6-13 中模型的因变量为旱地转出面积。

表 6-11　全部土地转出面积对贫困脆弱性的影响

变量	2 800 元	1.9 美元	3.1 美元
	(1)	(2)	(3)
全部土地转出面积	−0.010 7***	−0.010 7***	−0.010 6***
	(0.002 3)	(0.002 2)	(0.002 2)
家庭人均外出务工时间	−0.006 8**	−0.006 7**	−0.006 6**
	(0.002 6)	(0.002 6)	(0.002 6)
家庭受培训人员比例	−0.236 0***	−0.234 0***	−0.232 0***
	(0.036 5)	(0.036 3)	(0.036 0)
人情往来支出	0.024 5***	0.024 2***	0.024 0***
	(0.002 6)	(0.002 6)	(0.002 6)

（续）

变量	2 800 元	1.9 美元	3.1 美元
	（1）	（2）	（3）
家庭社会网络	0.009 1	0.009 3	0.009 5
	(0.011 4)	(0.011 3)	(0.011 2)
家庭储蓄	−0.014 7***	−0.014 4***	−0.014 1***
	(0.004 5)	(0.004 5)	(0.004 4)
家庭负担系数	0.047 5**	0.049 7**	0.052 0**
	(0.021 4)	(0.021 3)	(0.021 1)
农户市场化率	0.067 3***	0.066 9***	0.066 4***
	(0.015 1)	(0.015 0)	(0.014 9)
农业物资资本	0.009 8	0.010 1	0.010 4
	(0.012 2)	(0.012 1)	(0.012 0)
常数	0.419 0***	0.414 0***	0.407 0***
	(0.047 0)	(0.046 7)	(0.046 4)
R-squared	0.285	0.285	0.285

注：括号中的数字均为稳健标准误。*、**、***分别代表10％、5％、1％水平的显著性。

由模型估计可知，不论采用何种贫困线和何种土地转出面积，各变量对其贫困脆弱性的影响方向和显著性基本保持不变。随着贫困线的提高，各变量对贫困脆弱性影响的估计值只有微弱减少，其减少幅度基本可以忽略不计，说明回归模型具有较强的稳健性和可靠性。无论转出水田还是旱地，均不会导致农户收入降低，相反，还能降低农户陷入贫困的可能性。

表6-12　水田转出面积对贫困脆弱性的影响

变量	2 800 元	1.9 美元	3.1 美元
	（1）	（2）	（3）
水田转出面积	−0.015 3***	−0.015 1***	−0.015 0***
	(0.004 8)	(0.004 8)	(0.004 7)
家庭人均外出务工时间	−0.007 0***	−0.006 9***	−0.006 8***
	(0.002 7)	(0.002 6)	(0.002 6)
家庭受培训人员比例	−0.233 0***	−0.231 0***	−0.230 0***
	(0.036 4)	(0.036 2)	(0.035 9)

（续）

变量	2 800 元	1.9 美元	3.1 美元
	(1)	(2)	(3)
人情往来支出	0.024 5***	0.024 2***	0.024 0***
	(0.002 6)	(0.002 6)	(0.002 6)
家庭社会网络	0.008 4	0.008 5	0.008 7
	(0.011 4)	(0.011 3)	(0.011 2)
家庭储蓄	−0.014 8***	−0.014 6***	−0.014 2***
	(0.004 5)	(0.004 5)	(0.004 4)
家庭负担系数	0.047 0**	0.049 2**	0.051 5**
	(0.021 4)	(0.021 2)	(0.021 0)
农户市场化率	0.067 9***	0.067 5***	0.067 0***
	(0.015 2)	(0.015 1)	(0.014 9)
农业物资资本	0.010 6	0.010 9	0.011 2
	(0.012 2)	(0.012 1)	(0.012 0)
常数	0.420 0***	0.414 0***	0.408 0***
	(0.046 9)	(0.046 7)	(0.046 4)
R-squared	0.283	0.283	0.283

注：括号中的数字均为稳健标准误。＊、＊＊、＊＊＊分别代表 10%、5%、1%水平的显著性。

此外，水田转出对农户贫困脆弱性降低的效果会更加明显，即与旱地相比，水田在经济上对农民的重要性较低。可能原因是，水田更多用于种植粮食作物，旱地更多用于种植经济作物，粮食作物生长所需的时间较长、劳动力投入较多和生产成本较高，但其收益较低。而经济作物的收益相对较高，因此，农户在面临比较利益较高的生产经营机会时，往往会放弃收益较低的水田，节省出更多的劳动力和时间从事比较利益更高的非农生产经营活动。

表 6-13　旱地转出面积对贫困脆弱性的影响

变量	2 800 元	1.9 美元	3.1 美元
	(1)	(2)	(3)
旱地转出面积	−0.011 6***	−0.011 6***	−0.011 5***
	(0.002 6)	(0.002 6)	(0.002 5)

（续）

变量	2 800 元	1.9 美元	3.1 美元
	(1)	(2)	(3)
家庭人均外出务工时间	−0.006 8**	−0.006 8**	−0.006 7**
	(0.002 7)	(0.002 7)	(0.002 7)
家庭受培训人员比例	−0.243 0***	−0.242 0***	−0.240 0***
	(0.037 7)	(0.037 4)	(0.037 1)
人情往来支出	0.024 1***	0.023 9***	0.023 6***
	(0.002 6)	(0.002 6)	(0.002 6)
家庭社会网络	0.011 3	0.011 4	0.011 6
	(0.011 5)	(0.011 4)	(0.011 3)
家庭储蓄	−0.014 9***	−0.014 6***	−0.014 3***
	(0.004 5)	(0.004 5)	(0.004 5)
家庭负担系数	0.043 4**	0.045 6**	0.048 0**
	(0.021 8)	(0.021 6)	(0.021 5)
农户市场化率	0.076 1***	0.075 7***	0.075 2***
	(0.015 4)	(0.015 2)	(0.015 1)
农业物资资本	0.010 1	0.010 4	0.010 7
	(0.012 3)	(0.012 2)	(0.012 1)
常数	0.415 0***	0.410 0***	0.404 0***
	(0.047 5)	(0.047 2)	(0.046 9)
R-squared	0.274	0.274	0.274

注：括号中的数字均为稳健标准误。*、**、***分别代表10%、5%、1%水平的显著性。

（二）不同类型土地是否转出对农户贫困脆弱性的影响

表6–14至表6–16是不同类型土地是否转出对农户贫困脆弱性影响的估计结果，依然选用3条贫困线来分别考察家庭土地有无转出、水田有无转出和旱地有无转出对农户贫困脆弱性的影响。回归的结果显示，随着贫困线的提高，各自变量对农户贫困脆弱性的影响在逐步减小，但减少幅度几乎可以忽略不计，说明贫困脆弱性影响因素的作用机制不会随着贫困线的改变而改变，也间接证明回归模型具有较强的稳健性。从土地流转变量来看，土地

有无转出和旱地有无转出对农户贫困脆弱性尽管呈现负向关系，但回归系数并不显著，只有水田有无转出变量的回归系数呈现出显著的负向影响。进一步验证了上文结果：转出水田能够帮助农户从事其他收益更高的非农生产经营活动，从而增加收入。

表 6-14　土地流转对农户贫困脆弱性的影响

变量	2 800 元	1.9 美元	3.1 美元
	(1)	(2)	(3)
土地有无转出	−0.029 1	−0.029 1	−0.029
	(0.021 9)	(0.021 7)	(0.021 6)
家庭人均外出务工时间	−0.007 1***	−0.007 0***	−0.006 9***
	(0.002 7)	(0.002 7)	(0.002 7)
家庭受培训人员比例	−0.240 0***	−0.239 0***	−0.237 0***
	(0.037 3)	(0.037 0)	(0.036 7)
人情往来支出	0.024 0***	0.023 8***	0.023 5***
	(0.002 6)	(0.002 6)	(0.002 6)
家庭社会网络	0.009 4	0.009 6	0.009 8
	(0.011 5)	(0.011 4)	(0.011 3)
家庭储蓄	−0.015 6***	−0.015 3***	−0.015 0***
	(0.004 5)	(0.004 5)	(0.004 4)
家庭负担系数	0.045 6**	0.047 8**	0.050 2**
	(0.021 9)	(0.021 7)	(0.021 5)
农户市场化率	0.074 1***	0.073 6***	0.073 1***
	(0.015 3)	(0.015 2)	(0.015 1)
农业物资资本	0.011 4	0.011 6	0.011 9
	(0.012 4)	(0.012 3)	(0.012 2)
常数	0.424 0***	0.419 0***	0.413 0***
	(0.047 4)	(0.047 2)	(0.046 9)
R-squared	0.268	0.267	0.267

注：括号中的数字均为稳健标准误。*、**、***分别代表10%、5%、1%水平的显著性。

表6-15 水田流转对农户贫困脆弱性的影响

变量	2 800 元	1.9 美元	3.1 美元
	(1)	(2)	(3)
水田有无转出	−0.040 3*	−0.040 2*	−0.040 0*
	(0.022 9)	(0.022 7)	(0.022 5)
家庭人均外出务工时间	−0.007 1***	−0.007 0***	−0.007 0***
	(0.002 7)	(0.002 7)	(0.002 7)
家庭受培训人员比例	−0.239 0***	−0.238 0***	−0.236 0***
	(0.037 1)	(0.036 8)	(0.036 6)
人情往来支出	0.024 0***	0.023 8***	0.023 6***
	(0.002 6)	(0.002 6)	(0.002 6)
家庭社会网络	0.009 4	0.009 5	0.009 7
	(0.011 5)	(0.011 4)	(0.011 3)
家庭储蓄	−0.015 5***	−0.015 2***	−0.014 9***
	(0.004 5)	(0.004 5)	(0.004 4)
家庭负担系数	0.045 5**	0.047 7**	0.050 0**
	(0.021 7)	(0.021 5)	(0.021 3)
农户市场化率	0.072 9***	0.072 5***	0.072 0***
	(0.015 4)	(0.015 3)	(0.015 2)
农业物资资本	0.011 6	0.011 9	0.012 2
	(0.012 4)	(0.012 3)	(0.012 2)
常数	0.425 0***	0.419 0***	0.413 0***
	(0.047 4)	(0.047 1)	(0.046 8)
R-squared	0.269	0.269	0.269

注：括号中的数字均为稳健标准误。*、**、*** 分别代表10%、5%、1%水平的显著性。

表6-16 旱地流转对农户贫困脆弱性的影响

变量	2 800 元	1.9 美元	3.1 美元
	(1)	(2)	(3)
旱地有无转出	−0.033 9	−0.034 2	−0.034 5
	(0.040 5)	(0.040 1)	(0.039 8)
家庭人均外出务工时间	−0.007 1***	−0.007 0***	−0.007 0***
	(0.002 7)	(0.002 7)	(0.002 7)

（续）

变量	2 800 元	1.9 美元	3.1 美元
	(1)	(2)	(3)
家庭受培训人员比例	−0.242 0***	−0.241 0***	−0.239 0***
	(0.037 6)	(0.037 3)	(0.037 1)
人情往来支出	0.024 0***	0.023 8***	0.023 5***
	(0.002 6)	(0.002 6)	(0.002 6)
家庭社会网络	0.009 5	0.009 7	0.009 9
	(0.011 5)	(0.011 4)	(0.011 3)
家庭储蓄	−0.015 5***	−0.015 2***	−0.014 9***
	(0.004 5)	(0.004 5)	(0.004 4)
家庭负担系数	0.043 9**	0.046 1**	0.048 5**
	(0.021 9)	(0.021 7)	(0.021 5)
农户市场化率	0.077 6***	0.077 1***	0.076 5***
	(0.015 4)	(0.015 3)	(0.015 2)
农业物资资本	0.011 2	0.011 5	0.011 8
	(0.012 3)	(0.012 2)	(0.012 1)
常数	0.420 0***	0.415 0***	0.409 0***
	(0.047 4)	(0.047 1)	(0.046 8)
R-squared	0.266	0.266	0.266

注：括号中的数字均为稳健标准误。*、**、*** 分别代表10%、5%、1%水平的显著性。

三、土地转出对农户贫困脆弱性的 PSM 估计

（一）样本匹配前后核密度分布情况

在采用 PSM 估计法时，首先需要检验样本匹配是否合理和有效，经常采用的检验方法为查看处理组和控制组匹配前后的倾向得分核密度分布。图 6-3 中的 a 和 b 是土地转出农户匹配前、后的核密度分布图，在没有采用核匹配法前，控制组（土地未转出）和处理组的倾向得分匹配值的概率分布差异较大；当采用核匹配法后，控制组（土地未转出）和处理组的倾向得分匹配值的概率分布差异下降很大，表明核匹配法能够有效缩小处理组和控制组家庭特征的差异，说明采用核匹配法的匹配效果较好。本部分也尝试采

用其他方法进行匹配，最后发现匹配的效果都不错。本研究也验证了水田转出农户和旱地转出农户的匹配效果，其结果也较为理想，但受到文章篇幅限制，没有列出全部的检验结果。

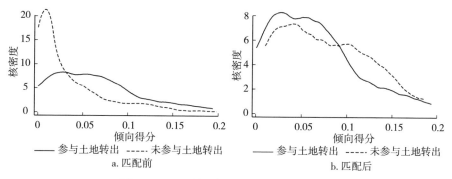

图 6-3　匹配前后倾向得分核密度分布图

（二）匹配结果分析

为了保证研究结果的可信度，采用半径卡尺匹配法、核密度匹配法和局部线性回归匹配法分别估计 2 800 元国定贫困线、1.9 美元贫困线和 3.1 美元贫困线下土地有无转出、水田有无转出和旱地有无转出对农户贫困脆弱性的平均处理效应。表 6-17 为土地是否转出、水田是否转出和旱地是否转出对农户贫困脆弱性的 PSM 估计结果，为节省篇幅，只报告了半径卡尺匹配结果。从不同贫困线的匹配估计值来看，随着贫困线水平的提高，土地转出对农户贫困脆弱的影响略微缩小，但是下降幅度较小。为了表达简洁，下文主要解释国定贫困线的匹配估计值。

在匹配前，土地转出对农户贫困脆弱性有负向影响，且在 1% 水平上显著，土地转出会使农户贫困脆弱性降低 7.68%。当采用匹配法消除了样本控制组和处理组的差异后，净效应 ATT 的平均值为 0.073 2，也就是说土地转出会使农户贫困脆弱性实际下降 7.32%，相比没有匹配前的回归系数有所下降，说明采用普通的 OLS 回归会高估土地转出对农户贫困脆弱性的影响，采用 PSM 估计也进一步证明了土地转出确实会降低农户未来陷入贫困的概率。从水田转出对农户贫困脆弱性估计的平均处理效应来看，匹配前水田转出对农户贫困脆弱性有显著的负向影响，匹配后 ATT 值的平均值为

0.080 0，也就是说水田转出会使农户贫困脆弱性实际下降 8.00%，也比土地转出的 *ATT* 平均值要大，进一步说明，水田有转出的农户相比水田无转出的农户未来陷入贫困的风险会降低很多。

表 6 - 17　土地流转对农户贫困脆弱性的 PSM 估计

变量	样本	处理组	控制组	*ATT*	标准误	*T* 检验
土地有无转出						
2 800 元	匹配后	0.420 6	0.494 4	−0.073 8**	0.023 9	−3.08
1.9 美元	匹配后	0.417 5	0.490 8	−0.073 3**	0.023 7	−3.09
3.1 美元	匹配后	0.414 0	0.486 6	−0.072 6**	0.023 5	−3.09
水田有无转出						
2 800 元	匹配后	0.410 2	0.490 9	−0.080 6**	0.026 1	−3.09
1.9 美元	匹配后	0.407 2	0.487 2	−0.080 1**	0.025 9	−3.09
3.1 美元	匹配后	0.403 7	0.483 2	−0.079 4**	0.025 7	−3.10
旱地有无转出						
2 800 元	匹配后	0.411 0	0.491 9	−0.080 9*	0.043 2	−1.87
1.9 美元	匹配后	0.407 6	0.487 9	−0.080 3*	0.042 8	−1.88
3.1 美元	匹配后	0.403 7	0.483 7	−0.080 0*	0.042 3	−1.89

注：*、**、*** 分别代表 10%、5%、1% 水平的显著性。

从旱地转出对农户贫困脆弱性估计的平均处理效应来看，匹配后 *ATT* 值的平均值为 0.080 4，也就是说旱地转出会使农户贫困脆弱性实际下降 8.04%，这也进一步证明农户不仅不会因为失去旱地致贫，反而较失地前拥有更小的致贫风险。通过对不同类型土地有无转出对农户贫困脆弱性 PSM 估计可知，旱地转出对贫困缓解的效果最为明显，亦即水田对农户生计的作用最小，再则就是土地，旱地的影响最大。

四、基于回归方程的 Shapley 值分解

为了排列出政策的优先次序，有必要从变量对贫困脆弱性影响程度的角度将变量排序并解析贫困脆弱性的不平等。采用基于回归方程的 Shapley 值分解方法，该方法可以通过对贫困脆弱性值进行分解，把贫困脆弱性分解成

与每个基本决定因素相关的组成部分，计算各基本决定因素对贫困脆弱性的贡献率。表 6-18 和表 6-19 分别是土地转出面积、水田转出面积和旱地转出面积样本在 3 条贫困线下贫困脆弱性的 Shapley 值分解结果。不同贫困线下各变量的贡献率变动基本不大，但各变量对不同土地转出类型贫困脆弱性的贡献率有差异，而各自变量贡献率的大小次序基本不变。

表 6-18　基于回归方程的全部土地转出的 Shapley 值分解结果

变量	各变量贡献率（%）		
	2 800 元	1.9 美元	3.1 美元
土地转出面积	9.12	9.15	9.18
家庭人均外出务工时间	2.3	2.3	2.3
家庭受培训人员比例	18.7	18.76	18.83
人情往来支出	48.49	48.27	48.03
家庭社会网络	0.22	0.23	0.24
家庭储蓄	3.28	3.21	3.14
家庭负担系数	1.37	1.51	1.68
农户市场化率	15.24	15.25	15.27
农业物资资本	1.28	1.3	1.33
合计	100	100	100

在 2 800 元国定贫困线下，就土地转出面积而言，土地转出面积变量对贫困脆弱性的贡献率达到了 9.12%；就水田转出和旱地转出而言，其贡献率分别为 8.52% 和 4.01%。总体而言，土地转出对农户贫困脆弱性的贡献率不容忽视，水田转出的贡献率要明显高于旱地转出的贡献率。

表 6-19　基于回归方程的水田和旱地转出的 Shapley 值分解结果

变量	水田转出时各变量贡献率（%）			旱地转出时各变量贡献率（%）		
	2 800 元	1.9 美元	3.1 美元	2 800 元	1.9 美元	3.1 美元
土地转出面积	8.52	8.56	8.56	4.01	3.99	3.96
家庭人均外出务工时间	2.4	2.4	2.4	2.41	2.41	2.42
家庭受培训人员比例	18.59	18.65	18.65	20.16	20.24	20.32
人情往来支出	48.83	48.61	48.61	49.73	49.53	49.3

（续）

变量	水田转出时各变量贡献率（%）			旱地转出时各变量贡献率（%）		
	2 800 元	1.9 美元	3.1 美元	2 800 元	1.9 美元	3.1 美元
家庭社会网络	0.21	0.21	0.21	0.28	0.3	0.31
家庭储蓄	3.35	3.28	3.28	3.48	3.42	3.34
家庭负担系数	1.36	1.51	1.51	1.29	1.43	1.59
农户市场化率	15.44	15.45	15.45	17.25	17.27	17.31
农业物资资本	1.3	1.33	1.33	1.39	1.42	1.45
合计	100	100	100	100	100	100

第四节　本章小结

农业生产成本降低不仅是农户增收和福祉提升的重要抓手，也是增强农业国际竞争力和实现农业强国的有力举措。本章采用实证方法分析了土地流转对农户农业生产成本和贫困脆弱性的影响，以期厘清土地流转对农户福利的影响。土地是否转入对农业生产成本影响的实证结果表明：PSM 估计可得，土地转入对农业生产成本有显著的负向作用，土地转入能使农业生产成本显著降低 0.79 个单位；从不同类型土地是否转入来看，水田转入能使农业生产成本降低 1.04 个单位，旱地转入能使农业生产成本降低 0.69 个单位，说明水田转入降低农业生产成本的效应更大；从不同作物来看，土地转入能分别使粮食作物和经济作物生产成本降低 2.69 和 0.56 个单位，水田转入能分别使粮食作物和经济作物生产成本降低 2.17 和 0.73 个单位，旱地转入能分别使粮食作物和经济作物生产成本降低 1.85 和 0.35 个单位；由 GPSM 估计可得，土地转入面积、水田转入面积和旱地转入面积的处理效应一直为负，且降低粮食作物生产成本的作用更大；不同类型土地流转面积对不同类型作物农业生产成本存在显著的规模报酬递增效应，其中水田转入面积更为明显。

土地转出对农户贫困脆弱性影响的实证结果表明：从基准模型回归可知，土地转出面积、水田转出面积和旱地转出面积对农户贫困脆弱性有显著的负向影响，水田转出面积的影响最大，水田转出面积每增加 1 个单位，农户的贫困脆弱性就降低 0.015 3 个单位。土地转出、水田转出和旱地转出对农户贫困脆弱性有显著的负向影响，水田转出的影响依然最大，水田有转出的农户相比水田无转出的农户，贫困脆弱性显著降低 0.040 3 个单位。采用 PSM 方法进行估计，发现 3 种土地转出类型都对农户贫困脆弱性有显著的负向影响，且水田转出的影响最大，其匹配后 ATT 平均值为 0.080 0。采用回归方差的 Shapley 值分解法计算不同土地转出类型的农户贫困脆弱性的贡献率，结果显示水田转出面积和旱地转出面积的贡献率分别为 8.52% 和 4.01%。土地流转并不会增加农户未来陷入贫困的风险，以水田转出的降低效果最为明显，旱地转出效果次之。总体来看，土地流转能有效降低农户的农业生产成本，还有更多的剩余劳动力和时间进入比较利益较高的非农生产经营领域，降低农户未来贫困发生的风险，从而提高农户福祉。

结论和建议

本研究以可持续生计框架为理论基础，构建了"土地流转—生计资本利用—生计策略选择—农户福祉（生计结果）提升"的理论分析框架，运用农户实地调研数据，在共同富裕和乡村振兴背景下分析土地流转对农户可持续生计的影响。本研究主要从 3 个方面展开研究：①土地流转对农户生计资本利用的影响，主要探讨土地流转对耕地复种指数和农业机械化水平的影响；②土地流转对农户生计策略选择的影响，主要探讨土地流转对农户种植结构和非农就业的影响；③土地流转对农户福祉的影响，主要探讨土地流转对农户农业生产成本和贫困脆弱性的影响。通过理论和实证研究，得出以下结论和政策启示。

第一节　主要结论

一、土地流转市场和管理日趋规范，但各地进度有差异

（一）土地流转法律政策逐渐完善，管理和操作日益规范

中国土地流转法律政策在不断完善，从 1982 年《宪法》所规定的禁止流转土地，到 1984 年允许农村土地承包地转包，鼓励承包地向种田能手集中，实行集约经营，再到 1988 年《宪法》修订允许土地使用权依法转让，以及到 2003 年土地流转正式以法律的形式被认可确定。在这段时间内，中国农村土地流转法律政策经历了从"法律禁止和政策松动"到"法律许可和政策规范""法律保护和政策支持"，再到"法律保护和政策成熟"的演变路径。随着《管理意见》出台，各地依托农村经营管理机构健全土地流转服务平台，完善县乡村三级服务和管理网络，建立土地流转监测制度，为流转双

方提供信息发布、政策咨询等服务。农业农村部指导各地加强农村土地承包经营纠纷调解仲裁体系建设，健全纠纷调处机制，妥善化解土地流转纠纷。为加强对工商资本租赁农地监管和风险防范，各地建立健全工商资本租赁农地上限控制、分级备案、审查审核、风险保障金和事中事后监管等制度。政府也对加强土地经营权流转管理和服务、加强土地流转用途管制、加强对工商企业租赁农户承包地的监管和风险防范提出了明确要求。

（二）全国土地流转进展较快，发达地区流转率更高

我国现有的农村土地流转法律政策是经过长期摸索才形成和确立的，这使得中国土地流转经历了一个从缓慢增长到快速增长、再到规范增长的过程。自从土地流转法律政策松动后，农村土地流转呈现出井喷的现象，各地都在如火如荼地开展土地流转工作，以流转规模作为工作成绩显著的主要指标。中国农村土地流转面积占总承包面积的比重从 2005 年的 3.07％上升到2023 年的 37％，流转面积从 2005 年的 255 万公顷上升到 2023 年的 3 780 万公顷，这段时期农村的土地流转发展速度较快，但各地区土地流转进度差异较大，北京、浙江和江苏都是属于经济发展水平较高的省份，土地流转面积占家庭总承包面积的比例在 60％以上，山西、广西、贵州、云南、甘肃和宁夏土地流转面积占比基本都是在 20％以下。早期土地流转的形式整体比较单一，土地流转到新型经营主体的比例较低，流转的质量出现明显问题。之后，国家开始逐渐调整不合理的土地流转法律政策，引导农村土地流转由粗放型的数量为主转向集约化的质量为主的模式。近些年的土地流转更加侧重小农与现代农业的有效衔接，强调了多种类型的适度规模经营，真正开始走以提升农业发展内核的土地流转模式，也表明了我国土地流转相关法律和政策在逐步成熟。

二、土地流转能促进生计资本利用，但影响效应有区别

（一）土地流转能促进农机使用，且对水田作用更大

在农业现代化发展的时代背景下，农业机械化水平是农业现代化的重要体现，是乡村振兴的重要推动力。1978 年，全国农用机械总动力达到11 749.9 万千瓦，农业耕种收综合机械化水平达到 19.66％，2023 年，全

国农业机械总动力达 11 亿千瓦，农业耕种收综合机械化水平达到 74%，土地流转在这其中起到了重要作用。本研究采用倾向得分匹配法分析了土地流转对农业机械化水平的影响，研究结果发现，土地流转对农业机械化水平有显著影响，其中，土地转入会提升农业机械化水平的 9.94%，土地转出会降低农业机械化水平的 9.4%，说明农户转入土地越多，农户从事农业生产经营活动的积极性越大，对农业机械使用也就越多；从不同类型土地转入来看，水田转入会显著提升农业机械化水平的 10.21%，旱地转入会提升农业机械化水平的 3.71%，可能原因是水田平整成本更低，更能降低农业机械作业的难度系数，且水田对农业机械使用的需求更高，因此，水田转入对农户提高农业机械使用程度的可能性会更大；从不同类型土地转出来看，水田转出会降低农业机械化水平的 9.7%，旱地转出会降低农业机械化水平的 8.83%。不论是从整体土地流转来看，还是对不同类型土地流转而言，土地转入效应大于土地转出效应，可能是规模经营作用的结果。

（二）土地转入能提高耕地复种指数，且水田复种更明显

粮食安全关乎国计民生，任何时候都要坚持粮安天下的底线思维，在新时期仍需提高耕地集约化程度来保障粮食安全。在耕地资源有限和单产提升乏力的背景下保障国家粮食安全，仍需不断提高耕地集约化程度，耕地复种是在时间和空间上加强耕地集约化利用最简单有效的措施之一。本研究分析了土地流转对农户耕地复种指数的影响，研究结果表明，土地流转对农户耕地复种指数有显著的正向影响，其中，土地转入、水田转入和旱地转入会分别显著提升农户耕地复种指数 24.4%、29.9% 和 20.4%；土地转入面积、水田转入面积和旱地转入面积对农户耕地复种指数有显著正向影响，三者同时存在规模报酬递增效应，即耕地复种指数提高的比例要比转入面积提高的比例更大，且水田转入面积的规模报酬递增效应更明显。总之，土地转入能够促进农户提升耕地复种指数，且水田转入效果更加明显，也就意味着水田转入更能促进耕地集约化利用和保障粮食安全。从作用机制检验来看，土地转入能够通过每公顷流转费反作用路径和要素集约促进路径提升农户耕地的复种程度，每公顷流转费起到调节作用，要素利用率起到中介作用，中介效应的大小为 8.9%。

三、土地流转促进种植结构趋粮化，提高农户非农就业

（一）水田转入更能促进"趋粮化"，且存在显著的规模递增效益

中国一直高度重视保障粮食安全，过去有关农业种植结构调整方面的政策都是以稳定粮食安全生产为前提制定的，因此，不论未来农业生产经营方式如何改变，都不应影响国家粮食安全战略的实施。本研究分析了土地流转对农业种植结构的影响，研究结果表明，土地转入比土地未转入更能显著促进农户农业种植结构向"趋粮化"方向调整，全部土地转入、水田转入和旱地转入分别能显著提高粮食播种面积占比 0.36、0.39 和 0.13 个单位，可以得出水田转入"趋粮化"的作用效应是旱地转入的 3 倍，说明土地转入后经营面积扩大会促使农户种植更多的粮食作物，可能原因是粮食作物对农业机械的依赖性较强，土地转入后更有利于农业机械作业，农业机械替代劳动力更能降低农业生产成本，且国家对耕作粮食作物的农户有粮食直补，也会促使耕地"趋粮化"；全部土地转入面积、水田土地转入面积和旱地土地转入面积对农业种植结构调整有显著的正向影响，随着不同类型土地转入规模的增加，粮食播种面积占比也在不断提高，且呈现出明显规模报酬递增的趋势，即粮食播种面积占比提升的幅度要高于土地转入面积提升的幅度。

（二）土地转出能提高农户非农化，且非农人员和时间都有增加

共同富裕不能让农民群体掉队，农户可持续生计是提高农民收入和缩小城乡差距的前提条件，也是促进共同富裕的重要手段。中国"三农"问题的根本解决路径从来都不在乡村而应在城市，土地和劳动力只是农户的生计资本，如何利用生计资本不断提升其生计的可持续性才是关键，在当前农业比较利益较低的情况下，短期内提高农民收益的方法依然是扩大农民的非农就业。本研究分析了土地流转对农户非农就业的影响，研究结果表明，土地转出对农户非农就业人员占比和人均非农就业时间有显著的正向作用，全部土地转出、水田转出和旱地转出分别能显著提高农户非农就业人员占比 0.074、0.029 和 0.085 个单位，全部土地转出、水田转出和旱地转出分别能显著提高农户人均非农就业时间 0.604、0.394 和 0.617 个单位，说明旱

地转出比水田转出更能提高农户非农就业人员占比，可能原因是旱地种植的农作物种类较多，且旱地作物要比水田作物的农业生产过程更为烦琐和耗时，因此，旱地转出能释放更多的农村劳动力。土地转出面积对农户非农就业人员占比和人均非农就业时间有显著的正向作用，且随着不同类型土地转出面积的增加，农户非农就业人员占比和人均非农就业时间也在不断增加，且呈现出明显规模报酬递增的趋势，即农户非农就业人员占比和人均非农就业时间增加的幅度要大于土地转出面积扩大的幅度。

四、土地流转能显著提升农户福祉，促进生计的可持续

（一）土地流转能降低农业生产成本，且对粮食作物作用更大

农业生产成本降低不仅是农户增收和"三农"问题解决的重要抓手，也是增强农业国际竞争力和建设农业强国的有力举措。本研究分析了土地流转对农业生产成本的影响，研究结果表明，土地转入对农业生产成本有显著的负向作用，比土地未转入能显著降低农业生产成本 0.79 个单位；从不同类型土地是否转入来看，水田转入比水田未转入能降低农业生产成本 1.04 个单位，旱地转入比旱地未转入能降低农业生产成本 0.69 个单位，说明水田转入降低农业生产成本的效应更大，可能原因是水田转入后的平地和整地成本更低，且农业机械替代劳动力的可能性更大，更能节约农业生产成本。从不同作物来看，土地转入比土地未转入能分别降低粮食作物和经济作物生产成本 2.69 和 0.56 个单位，水田转入比水田未转入能分别降低粮食作物和经济作物生产成本 2.17 和 0.73 个单位，旱地转入比旱地未转入能分别降低粮食作物和经济作物生产成本 1.85 和 0.35 个单位，可能原因是粮食为大田作物，土地集约化对提升大田作物生产效率的作用更大，也就更能降低粮食作物的生产成本；土地转入面积、水田转入面积和旱地转入面积的处理效应一直为负，且降低粮食作物生产成本的作用更大；不同类型土地转入面积对不同类型作物农业生产成本存在显著的规模报酬递增效应，且水田转入面积更为明显。

（二）土地转出能降低农户贫困脆弱性，且水田转出作用更大

土地一直以来都是农民赖以生存和发展的物质基础，对农户能够起到基

本的社会保障功能，有着一定的减贫作用。随着国家农业现代化建设步伐的加快，土地流转是否会使农户因土地经营权丧失而加重贫困问题？本研究分析不同类型土地有无转出和转出面积对农户贫困脆弱性的影响，研究发现土地转出面积、水田转出面积和旱地转出面积对农户贫困脆弱性有显著的负向影响，水田转出面积的影响最大，水田转出面积每增加 1 个单位，农户的贫困脆弱性就减少 0.015 个单位。土地有无转出、水田有无转出和旱地有无转出对农户贫困脆弱性有显著的负向影响，水田转出的影响依然最大，水田有转出的农户相比水田无转出的农户，其贫困脆弱性显著降低 0.040 个单位。采用 PSM 方法进行估计，发现匹配后 ATT 平均值为 8.28%。回归方差的 Shapley 值分解法显示水田转出和旱地转出的贡献率分别为 8.52% 和 4.01%。土地流转并不会增加农户未来陷入贫困的风险，水田转出的降低效果最为明显，旱地转出效果次之。这可能是因为土地转出后，农户不仅能够获得固定的土地租金，还有更多的剩余劳动力和时间进入比较利益较高的非农生产经营领域，从而提高农户收入水平，降低农户未来贫困发生风险。

第二节　政策建议

农户生计一直是发展中国家所关注的重点，农村贫困问题的发生很大程度是缘于农户生计的脆弱性，如何提升农户的生计可持续性成为解决贫困的关键。在当前中国绝对贫困已经被彻底解决的背景下，继续关注和建立农户可持续生计对解决相对贫困、促进乡村振兴和共同富裕意义重大。较多的国际机构和组织围绕农户生计资本、可行能力和减贫等方面构建了若干可持续生计框架用于指导农户可持续生计，本研究基于英国国际发展署的 DFID 框架分析了土地流转对农户生计资本利用、生计策略选择和农户福祉的影响。根据研究结论，本研究从加强土地流转市场建设，推进农户适度规模经营；强化农业综合生产能力，提高转入户的经营效益；增强转出户的人力资本，促进转出户生计多样化；完善农村社会保障体系，降低农户土地流转风险等方面提出政策建议。

一、加强土地流转市场建设，推进农户适度规模经营

（一）完善土地流转交易平台，规范土地流转市场运行

从当前中国土地流转现状来看，土地流转已经进入了以数量为主向质量为主转变的阶段，完善的土地流转交易平台和规范的市场运行规则是提高土地流转质量的前提。就土地承包地流转经营而言，需要对流转受让人享有的土地经营权做出专门制度设计，完善农村土地经营权流转管理办法，并会同有关部门印发土地经营权出租、入股合同示范文本，建立工商企业通过流转取得土地经营权的审查审核和风险防范制度，依法保护集体所有权和农户承包权、经营主体依流转合同取得的土地经营权，引导和规范农村土地经营权流转行为。需要完善市场在土地流转过程中的信息传递机制，形成土地流转中转出户和转入户相对透明的状态，方便各方利益主体整合流转市场信息，尽可能降低土地流转过程中的交易成本。完善土地承包经营权流转合同的管理工作，充分利用互联网等技术及时向市场发布土地流转的供需信息，降低区域隔绝和信息不畅等造成的土地资源错配或配置不及时等问题。加强农村土地流转体系监督服务体系建设，强化地方政府和村"两委"在土地流转过程中的引导作用，及时解决土地流转过程中和流转后所发生的纠纷和冲突，维护农户在土地流转中的合法权益。建立农村土地流转价格评估体系，遵循"公平合理、市场调节、动态监管"的原则，科学测算流转土地的市场价值，采取协商定价、投标定价和竞拍定价等多种形式确定土地流转价格。

（二）加强各地流转分类指导，发展多种形式规模经营

中国农业要缩小与发达国家农业的差距，仍需不断提升农业比较效益，从而吸引更多资源助力农业发展。降低农业生产成本是提高农业比较效益的必经之路，改变分散的小规模经营是降低农业生产成本的重要举措，需要在合理的范围内进一步促进土地的流转与集中，通过土地流转实现土地规模经营效应。国家幅员辽阔、地形地势多样以及区域经济发展差异使得各地区的劳动力转移程度有所不同，也就导致了各地土地流转的进度不一。在农业规模经营发展过程中，需要科学根据地区经济水平、资源禀赋和区位优势来定制差异化的土地流转目标。农村劳动力转移与土地流转息息相关，我国劳动

力外流和土地流转都表现为先东部、再中西部的特征，这也就要求土地流转不能忽视实际情况而采取一刀切的做法，应根据具体情况采取优先序的方式开展流转工作。针对不同地区、不同发展阶段，需要形成分类指导的原则意见，给各地区留足操作空间，可以优先支持经济发展较好地区进行土地流转，率先实现农业规模化种植，也能为后续经济不发达地区流转工作提供经验借鉴，尽量避免政策制定和实际情况的脱轨。

在农业适度规模经营方面，在现有土地承包期限的基础上适当延长承包年限，让农民放心流转土地。引导各地在尊重农民意愿的前提下，培育家庭农场、专业大户等多种新型经营主体，促进多种形式适度规模经营的健康发展。在保证农作物种植结构合理布局的情况下，可以适度优先把农户的水田向农业企业、农民专业合作社、经营大户和种植能手集中。应适当提高水田地块的流转率，通过规模经营效益更大程度降低粮食生产成本和提高粮食比较收益，运用市场调节机制让农户自发地调整自身农业种植结构。但是，也需要防止土地流转产生的其他问题影响农户种粮积极性，在制定不同类型土地流转指导价格的基础上，建立竞争性的土地承包权交易市场，探索构建农地低成本流转机制，避免因农地流转成本过高而挫伤农业经营者的积极性。

二、强化农业综合生产能力，提高转入户的经营效益

（一）扶持农业专业服务组织，推进农业社会化服务

世界上发达国家的农业经营形式主要为家庭经营模式，采用土地适度规模化和技术装备来促进农业现代化，这类家庭农场通常配备较为齐全的现代农业设施装备。然而，当前中国的土地流转尚处于发展阶段，农户的户均经营面积仍然较低，配齐全套现代农业设施装备的可能性不高，且成本与收益不成正比。最为可靠和有效的途径就是在土地经营面积不大的情况下，把农业生产过程中的服务需求集中起来，交给专业的农业社会化服务组织来操作，实现各生产过程的专业化、标准化、规模化和集约化，从而实现中国特色农业现代化。

一是快速培育起一批产前、产中和产后各类农业社会化服务组织，将不同农业生产过程交给对应的专业服务组织。支持农村集体经济组织发展农业

生产性服务，充分发挥其统一经营能力，并引导合作社成员向社内成员提供相应的社会化服务，发挥合作社服务成员、推动农民对接市场的关键作用。同时，鼓励龙头企业和各类农业专业服务公司，通过订单方式和基地建设等形式为农业生产提供社会化服务。

二是推动社会化服务组织融合发展，通过加强农业各类专业服务组织合作，推进农业生产服务链条横向拓展和纵向延伸，更好地促进各服务组织的协同互动和合作互补。鼓励各类农业服务主体与新型农业经营主体开展合作，并推动各类农业服务主体与科研院所和金融机构深度合作，建立利益分享机制。

三是推进农业生产托管服务，可以根据不同地区、不同产业农户和主体的作业环节需要，积极发展单环节、多环节、关键环节和全程化等多种托管模式，保障粮食安全。因地制宜选择本地优先发展的托管环节，制定相关扶持政策，给予相应服务补助，不断推动农业生产托管对小农户的覆盖率。

四是推动社会化服务规范发展，推动相关部门、单位、行业协会等组织制定农业生产服务标准和服务规范，加强农业服务组织动态监管，建立农业服务组织信用平台。建立农业服务主体信用评价机制和托管服务主体名录管理制度，对服务好的组织重点支持。根据农业服务价格市场确定的原则，相关部门可以积极引导服务组织确定各环节服务价格。

另外，继续加大农机扶持补贴政策，加快培育一批具有国际竞争力的本国农机生产企业，完善农机后期维护市场，形成一套适应新时期发展的新型农业推广服务体系。培育新型职业农民，注重农户农机专业知识的培养，提升农户对农业机械的认识和操作水平。再者，构建农业全产业链的协作发展机制，加强农业社会化服务体系，完善农业生产的产前、产中和产后的利益联结机制，促成农户进行专业化、区域化和社会化协作生产，降低小农户的生产经营风险和生产成本，打造农业内部利益互补、产业链利润共享的利益格局，形成农业收益持续提升机制。

（二）持续推进耕地质量建设，筑牢粮食生产安全底线

在耕地资源紧缺的基本国情下，提高耕地资源利用效率是保障国家粮食安全的可靠途径。推进耕地质量建设的主要内容就是高标准农田建设，其目的就是通过农田基础设施的科学配套，实施土壤改良等技术手段，创造支持农作物高产稳产、具备较强抗灾减灾能力的农田。推进耕地质量建设可以从以下几个方面着手：

一是加强对高标准农田的科学规划，根据当地高标准农田建设实际需求和耕地特点，在调研耕地情况的基础上，对适宜建设高标准农田区域进行科学规划。按照高标准农田建设内容，合理布局项目区灌排、交通、林网等工程。加强高标准农田建设质量控制和综合治理，围绕地力培肥、灌溉排水、道路硬化和农田输配电等方面开展建设工作，按照高标准农田建设工程质量要求，加强对各地实施工程的监督管理。

二是开展"宜机化"建设，顺应适度规模经营、"宜机化"作业、标准化生产、智能化发展的需要，优先解决项目区灌排、田间交通等基本生产条件，加大田地平整力度，推进小田并大田；注重农田农机与沟渠路树结合、桥涵闸站配套。坚持集中连片、规模开发、整体推进，加强高标准农田建设区域化整体推进示范，可以推行"先流转后建设、先平整再配套"的建设模式，集聚资金、人力、物力等各类要素，努力打造一批适应机械作业的规模示范区。

三是注重耕地质量建设。积极探索高标准农田基础设施建设与耕地质量提升同步推进路径，实施耕地质量保护与提升行动，通过土地平整、表土剥离、深耕深翻、秸秆还田等措施，提高高标准农田地力，促进耕地资源永续利用。探索合理耕作制度，更好促进耕地复种指数提升，需要充分考虑地区间自然条件和经济发展水平的差异，因地制宜调整耕作制度，避免"一刀切"的耕作制。科学选育优良品种搭配种植，重点培育一批早熟耐寒、生长周期短、抗逆能力强的品种，保证不同作物在种植季节上的相互衔接。研发绿色环保高效高产肥料，规范农地施肥方案，缓解土壤污染和降低病虫害发生，不断改善农业基础设施等生产条件，增强防御自然灾害的能力。

四是加强生态农田建设。深入贯彻绿色发展和山水林田湖草沙生命共同体的理念，加强农田生态和林网防护建设，实施水土保持，大力应用生态环保新材料新技术。探索推进农田灌排生态化改造，开展废沟塘整治，建设生态沟渠，充分利用现有沟、渠、塘等，建设生态缓冲带、地表径流集蓄和再利用设施，进行农田退水净化再利用，有效提升区域生态涵养功能，改善农田生态环境。推广高效节水与水肥一体化灌溉，实现灌溉精准控制，提高水肥利用效率。

三、增强转出户的人力资本，促进转出户生计多样化

（一）加强转出户职业技能培训，提高非农就业能力

随着土地流转规模的不断扩大，更多的农村劳动力有机会参与外出务工等非农生产经营活动，非农收入也更有助于提高农户收入而实现共同富裕。需要对农村劳动力制定相关的支持政策体系，采取多种形式加强对非农劳动力的培训力度，提高专业技能和胜任岗位能力。就企业而言，支持企业积极吸纳转出户就业，组织在岗和待岗的转出户以工代训。对吸纳转出户就业的企业，相关部门可以根据吸纳就业人数制定企业培训补贴。就劳动力输入地而言，输入地可以结合当地发展和企业用工需求以及转出户就业意愿，开展相应的定向、定岗培训和专业技能培训，不仅能解决转出户的就业问题，还能较好地促进当地产业发展。在进行技能培训时，重点培养建筑、机械、修理、家政、养老、餐饮、保姆和物流等适合转出户就业的相关技能，以及开展快递员、配送员、网络直播员和代驾员等新职业新业态培训。就输出地而言，根据本地经济发展状况，可以围绕建筑业、餐饮业、制造业、服务业和旅游业等行业所需的技能开展培训，促进转出户的本地非农就业。结合当前新经济和新业态，相关部门能够鼓励有创业意愿和正在创业的转出户参加创业实训等课程，可以针对年轻劳动力开展大数据、人工智能和电子商务等新技术创业培训，并给予创业转出户相应的培训补贴，从而不断提高转出户的创业能力和积极性。

（二）健全城乡统一劳动力市场，增加非农就业机会

《中共中央 国务院关于加快建设全国统一大市场的意见》提出，要健全城乡统一的土地和劳动力市场，促进劳动力、人才跨地区顺畅流动。中国正处在由人力资源大国向人力资源强国转变的阶段，构建统一的劳动力市场是转变成功和推动经济高质量发展的重要基础。长期分散细碎化的经营模式使得大量的农村劳动力附着在土地上，土地流转为农村劳动力转移出农业提

供了可能，但有众多壁垒阻碍着劳动力的顺畅流动，可以从以下几个方面着手构建统一的劳动力市场：一是充分意识到劳动力人才要素在经济发展中的重要作用，按照人的全面发展原则，构建科学合理的职业标准体系和人才评价体系。充分发挥市场机制在劳动力流动中的配置作用，消除各种影响劳动力自由流动的制度壁垒，利用市场手段将劳动力引导到合适的岗位上，增加劳动力的适配性。二是要及时应对宏观国际贸易和市场波动等方面的短期影响，发挥统一大市场在重大政策、产业、项目布局和新业态、新就业拓展方面的优势，引导劳动力及时调整就业预期，实现中长期的充分就业。三是要服务国家战略，推动转出户劳动力实现人尽其用，完善财政转移支付制度，推动有能力落户的进城务工转出户有序市民化，让转移劳动力成为新型城镇化建设的持续动力。四是大力发展县域经济，为农村劳动力提供更多本地非农就业机会。可以依托《关于推进以县城为重要载体的城镇化建设的意见》，地方政府以县域为基本单位推进城乡融合发展，不仅能有效解决农村转移劳动力的就业问题，也能避免因劳动力外出务工而引发的家庭功能无法实现而产生的系列问题。

四、完善农村社会保障体系，降低农户土地流转风险

（一）强化农村社会保障建设，提升农户福祉

当前我国农村的社会保障体系还有待完善，社会保障水平提高空间还较大，特别是养老保障水平还较低。土地长期以来都承担着农户的生活、医疗、养老和财产继承等多种保障功能，农户将土地流转出去后会面临丧失社会保障的风险，这也通常是制约农户转出土地的关键因素。因此，要想不断持续地推进农户自愿参与土地流转，就需要解决土地流转和农村社会保障体系建立两者之间的关系，这样才能彻底解决土地转出户的社会保障和生存问题。加快完善和健全农村的养老保障、社会救济、最低生活保障和医疗保险等制度，有条件的情况下将土地流转后进入城镇就业的农民纳入城镇社会保障体系中，从而弱化土地的社会保障功能，降低农户对土地的依赖程度，以解除该部分农民的后顾之忧，促进农户自愿参与土地流转。多举措构建城乡一体化的子女教育保障体系，着力保障非农就业人员子女平等接受义务教育

权利。积极推动农村小额贷款机构向正规化金融机构转变，规范和发展民间金融和非正规金融机构，引导各类金融机构建立健全针对转出户的信贷、保险支持机制，创新金融产品和服务，加大信贷支持力度，帮助转出户开展生产经营和创业。同时，建立转出户的社会救助制度，针对失业、意外伤害或重大疾病陷入贫困的转出户，应由当地民政部门给予临时性的应急援助。

（二）建立流转风险防范体系，提高农户生计可持续性

要让土地流转过程整体上保持风险可控，就需要建立土地流转风险防范体系，尽可能降低土地流转后可能发生的风险。一是科学评估土地流转总体性风险，主要评估土地流转风险的内容、危害和类型，通过筛选、监测和判断风险因子的过程，从总体上把握土地流转的整体性风险。防止土地流转后的"非粮化"和"非农化"，要引导和鼓励转入后的承包地种植粮食作物。二是构建土地流转总体性风险预警体系，建立土地流转风险事件数据库对土地流转风险进行监测，制定管控计划处理土地流转风险。而且，土地流转是当前中国农业实现规模经营的必由之路，是现代农业发展的前提条件。土地转出户的家庭剩余劳动力进入非农劳动市场所获得的工资收入完全可以超过土地流转损失的农业收益，非农市场的高价劳动报酬完全可以抵消农户土地流转后的风险顾虑。鼓励农户土地流转，不是让农户放弃农业生产，而是集中农业资源更好地发挥农业生产的规模效应，促进农户生计多样化从而增加农户的抗风险能力。为了降低农户未来陷入贫困的风险，还需要不断提高农村人力资本水平，促进农村剩余人口非农就业，增加农户的生计多样性，重点扶持家庭负担系数过高的农户，引导农村社会风气，提高农户节俭意识，从而提高农户生计可持续性。

参 考 文 献

卜范达，韩喜平，2003."农户经营"内涵的探析［J］. 当代经济研究（9）：37-41.

蔡键，刘文勇，2017. 社会分工、成本分摊与农机作业服务产业的出现：以冀豫鲁三省
    农业机械化发展为例［J］. 江西财经大学学报（4）：83-92.

蔡键，邵爽，刘文勇，2016. 土地流转与农业机械应用关系研究：基于河北、河南、山
    东三省的玉米机械化收割的分析［J］. 上海经济研究（12）：89-96.

蔡洁，夏显力，王婷，2018. 农户农地转出行为诱因及对其生计能力的影响研究［J］.
    南京农业大学学报（社会科学版），18（4）：98-108，159.

蔡洁，2018. 贫困地区农户农地转出行为及其减贫效应研究［D］. 杨凌：西北农林科技
    大学.

蔡瑞林，陈万明，朱雪春，2015. 成本收益：耕地流转非粮化的内因与破解关键［J］.
    农村经济（7）：44-49.

蔡秀玲，2003. 农业小规模经营与交易成本初探［J］. 当代经济研究（1）：54-57，67.

蔡颖萍，杜志雄，2020. 玉米临时收储政策调整对家庭农场土地流转租金的影响分析
    ［J］. 中国农村观察（3）：114-129.

曹光乔，张宗毅，2008. 农户采纳保护性耕作技术影响因素研究［J］. 农业经济问题
    （8）：69-74.

曾福生，李飞，2015. 农业基础设施对粮食生产的成本节约效应估算：基于似无相关回
    归方法［J］. 中国农村经济（6）：4-12，22.

陈会广，刘忠原，石晓平，2012. 土地权益在农民工城乡迁移决策中的作用研究：以南
    京市 1 062 份农民工问卷为分析对象［J］. 农业经济问题，33（7）：70-77，
    111-112.

陈靖，2021. 解析集体：制度通道与治理实践［J］. 南京农业大学学报：社会科学版，
    21（3）：96-106.

邓宏图，崔宝敏，2007. 制度变迁中的中国农地产权的性质：一个历史分析视角［J］.
    南开经济研究（6）：118-141.

翟绪军，王润荻，2021. 海城市家庭农场互联网技术应用问题研究［J］. 农业经济（6）：29-30.

杜本峰，李碧清，2014. 农村计划生育家庭生计状况与发展能力分析：基于可持续性分析框架［J］. 人口研究，38（4）：50-62.

冯华超，刘凡，2018. 农地确权能提升村级土地流转价格吗？：基于全国 202 个村庄的分析［J］. 新疆农垦经济（3）：57-66.

付秀彬，2012. 农业机械化对河北省主要粮食作物生产成本的影响［J］. 广东农业科学，39（21）：225-227.

公茂刚，张梅娇，2021. 农地确权、土地流转与农村金融包容性发展：基于 chfs 数据的实证研究［J］. 投资研究，40（10）：103-117.

宫斌斌，郭庆海，2019. 现阶段农村地租：水平、影响因素及其效应［J］. 农村经济（3）：23-32.

宫斌斌，郭庆海，2021. 玉米收储政策改革对农村地租水平的影响：基于吉林省的分析［J］. 干旱区资源与环境，35（5）：8-14.

顾天竹，纪月清，钟甫宁，2017. 中国农业生产的地块规模经济及其来源分析［J］. 中国农村经济（2）：30-43.

关江华，张安录，2020. 农地确权背景下土地流转对农户福利的影响［J］. 华中农业大学学报：社会科学版（5）：143-150，175.

关士琪，董芮彤，唐增，2021. 牧户超载过牧行为的研究：基于可持续生计的视角［J］. 中国草地学报，43（7）：86-94.

郭庆海，2014. 土地适度规模经营尺度：效率抑或收入［J］. 农业经济问题，35（7）：4-10.

韩家彬，刘淑云，张书凤，2019. 农地确权、土地流转与农村劳动力非农就业：基于不完全契约理论的视角［J］. 西北人口，40（3）：11-22.

韩明谟，1990. 社会学的重建、探索和突破［J］. 中国社会科学（1）：55-66.

何春，刘荣增，2021. 土地流转是否纾解了农村相对贫困？ ［J］. 商业研究（5）：103-112.

何文斯，吴文斌，余强毅，2016. 1980—2010 年中国耕地复种可提升潜力空间格局变化［J］. 中国农业资源与区划，37（11）：7-14.

何秀荣，2009. 公司农场：中国农业微观组织的未来选择？［J］. 中国农村经济（11）：4-16.

何一鸣，张苇锟，罗必良，2020. 农业分工的制度逻辑：来自广东田野调查的验证 [J].
农村经济（7）：1-13.

洪炜杰，胡新艳，2019. 地权稳定性如何影响农村劳动力非农转移：基于拓展 todaro 模
型的分析 [J]. 财贸研究，30（3）：60-70.

侯方安，2008. 农业机械化推进机制的影响因素分析及政策启示：兼论耕地细碎化经营
方式对农业机械化的影响 [J]. 中国农村观察（5）：42-48.

胡新艳，杨晓莹，吕佳，2016. 劳动投入、土地规模与农户机械技术选择：观点解析及
其政策含义 [J]. 农村经济（6）：23-28.

户艳领，李丽红，2022. 生态功能区域农村土地流转行为影响因素研究 [J]. 河北大学
学报（哲学社会科学版），47（1）：112-123.

宦梅丽，侯云先，吕静，2022. 农机作业服务对中国粮食生产技术效率的影响：基于共
同前沿方法的考察 [J]. 农林经济管理学报，21（2）：136-145.

黄季焜，冀县卿，2012. 农地使用权确权与农户对农地的长期投资 [J]. 管理世界（9）：
76-81，99，187-188.

黄宇虹，樊纲治，2020. 土地确权对农民非农就业的影响：基于农村土地制度与农村金
融环境的分析 [J]. 农业技术经济（5）：93-106.

季天妮，周忠发，牛子浩，等，2022. 易地扶贫搬迁前后农户生计恢复力对比分析：以
贵州省贞丰县者相镇安置点为例 [J]. 生态与农村环境学报，（7）：1-12.

江永红，戚名侠，2017. 土地流转前后我国农产品结构变化的特征分析 [J]. 江西社会
科学，37（5）：81-89.

姜法芹，2009. 农村土地流转中的几种典型模式 [J]. 经济研究导刊（21）：33-34.

姜松，王钊，2017. 土地经营权流转、种植行为与粮食产量：基于 chip 微观数据实证
[J]. 经济问题探索（8）：125-133.

金雪婷，曹光乔，2018. 农用地平整工程与农机作业的关系综述 [J]. 中国农机化学报，
39（3）：97-102.

康清林，李春蕾，张玉虎，2017. 2001—2010 年江苏省复种指数变化及其影响因子分析
[J]. 首都师范大学学报（自然科学版），38（5）：86-94.

孔祥智，方松海，庞晓鹏，等，2004. 西部地区农户禀赋对农业技术采纳的影响分析
[J]. 经济研究（12）：85-95，122.

匡远配，刘洋，2018. 农地流转过程中的"非农化"、"非粮化"辨析 [J]. 农村经济
（4）：1-6.

匡远配，周丽，2018. 农地流转与农村减贫：基于湖南省贫困地区的检验 [J]. 农业技术经济 (7)：64-70.

兰勇，蒋黾，杜志雄，2020. 农户向家庭农场流转土地的续约意愿及影响因素研究 [J]. 中国农村经济 (1)：65-85.

雷丽芳，许佳贤，李聿财，等，2021. 土地确权对农村劳动力转移的影响 [J]. 福建农林大学学报：哲学社会科学版，24 (6)：78-87.

李德洗，2012. 农户非农就业的粮食生产效应研究 [J]. 中州学刊 (4)：59-63.

李军，聂建亮，2019. 养老依赖、生命周期与农地流转：对农村老人转出农地意愿影响因素的实证分析 [J]. 济南大学学报：社会科学版，29 (2)：124-133，159-160.

李阔，许吟隆，2017. 适应气候变化的中国农业种植结构调整研究 [J]. 中国农业科技导报，19 (1)：8-17.

李琳凤，李孟刚，2012. 提高复种指数是保障我国粮食安全的有效途径 [J]. 管理现代化 (3)：26-28.

李琦珂，惠富平，2012. 生物多样性视野中的中国传统农业科技 [J]. 科学管理研究，30 (4)：83-86.

李琴，李大胜，陈风波，2017. 地块特征对农业机械服务利用的影响分析：基于南方五省稻农的实证研究 [J]. 农业经济问题，38 (7)：43-52，110-111.

李庆，韩菡，李翠霞，2019. 老龄化、地形差异与农户种植决策 [J]. 经济评论 (6)：97-108.

李云新，吕明煜，2019. 资本下乡中农户可持续生计模式构建 [J]. 华中农业大学学报：社会科学版 (2)：63-70，166.

连雪君，毛雁冰，王红丽，2014. 细碎化土地产权、交易成本与农业生产：来自内蒙古中部平原地区乌村的经验调查 [J]. 中国人口·资源与环境，24 (4)：86-92.

梁超，贺娟，陶建平，2022. 农业保险促进了土地流转吗？：基于华中三省的实证分析 [J]. 世界农业 (1)：87-98.

梁守真，马万栋，施平，2012. 基于 modisndvi 数据的复种指数监测：以环渤海地区为例 [J]. 中国生态农业学报，20 (12)：1657-1663.

林善浪，叶炜，梁琳，2018. 家庭生命周期对农户农地流转意愿的影响研究：基于福建省 1 570 份调查问卷的实证分析 [J]. 中国土地科学，32 (3)：68-73.

林毅夫，2002. 发展战略、自生能力和经济收敛 [J]. 经济学：季刊 (1)：269-300.

刘光英，王钊，2020. 多维贫困视角下土地流转的减贫效应及机制研究：基于中国家庭追踪调查（cfps）微观数据的实证［J］. 农村经济（12）：58-68.

刘静，李容，2019. 中国农业生产环节外包研究进展与展望［J］. 农林经济管理学报，18（1）：63-71.

刘琴，2018. 河南省粮食主产区土地流转意愿影响因素分析［J］. 中国农业资源与区划，39（11）：59-63.

刘盛，郭明顺，孙军，2011. 土地流转视角下的农地产权制度研究：以辽宁省为例［J］. 农业经济（2）：59-60.

刘涛，卓云霞，王洁晶，2021. 村庄环境、非农就业与农地流转：基于全国百村农户调查数据的分析［J］. 地域研究与开发，40（4）：141-146.

刘婷，2019. 要素禀赋结构变化对稻谷生产成本效率的影响：基于稻谷主产省2004—2016年数据［J］. 湖南农业大学学报：社会科学版，20（1）：18-25.

刘巽浩. 耕作学 M. 北京：中国农业出版社，2001.

刘禹宏，曹妍，2020. 中国农地产权制度的本质、现实与优化［J］. 管理学刊，33（1）：9-17.

刘志刚，2011. 坡改梯对我国经济可持续发展的影响和对策［J］. 中国水土保持科学，9（4）：46-49.

罗必良，仇童伟，2018. 中国农业种植结构调整："非粮化"抑或"趋粮化"［J］. 社会科学战线（2）：39-51，2.

罗必良，江雪萍，李尚蒲，等，2018. 农地流转会导致种植结构"非粮化"吗［J］. 江海学刊（2）：94-101，238.

马晓河，2011. 中国农业收益与生产成本变动的结构分析［J］. 中国农村经济（5）：4-11，56.

马晓河，崔红志，2002. 建立土地流转制度，促进区域农业生产规模化经营［J］. 管理世界（11）：63-77.

毛慧，周力，应瑞瑶，2018. 风险偏好与农户技术采纳行为分析：基于契约农业视角再考察［J］. 中国农村经济（4）：74-89.

孟令国，余水燕，2014. 土地流转与农村劳动力转移：基于人口红利的视角［J］. 广东财经大学学报，29（2）：61-66.

苗海民，朱俊峰，2021. 从乡土中国到城乡中国：农村劳动力选择性流动抑制了土地流转吗？［J］. 世界经济文汇（6）：72-95.

聂江美，杨璇，2018. 农户农地转出规模及其影响因素差异：基于纯农、兼业和非农三

类农户的比较 [J]. 湖南农业大学学报：社会科学版，19 (6)：30-36.

宁静，殷浩栋，汪三贵，2018. 土地确权是否具有益贫性？：基于贫困地区调查数据的实证分析 [J]. 农业经济问题 (9)：118-127.

牛星，王超，吴冠岑，2020. 流转特征、风险感知与土地流转满意度：基于长三角地区 1 008 个农户的调查 [J]. 农业经济与管理 (2)：45-55.

彭继权，吴海涛，孟权，2018. 家庭生命周期、社会资本与农户生计策略研究 [J]. 中国农业大学学报，23 (9)：196-217.

彭继权，吴海涛，秦小迪，2019. 土地流转对农户贫困脆弱性的影响研究 [J]. 中国土地科学，33 (4)：67-75.

彭继权，吴海涛，宋嘉豪，等，2019. 农业机械化水平对湖北农户耕地复种指数的影响 [J]. 中国生态农业学报：中英文，27 (3)：380-390.

彭群，1999. 国内外农业规模经济理论研究述评 [J]. 中国农村观察 (1)：41-45.

蒲丽娟，2020. 农户信任对土地流转及其价格影响研究 [J]. 价格理论与实践 (3)：48-51.

钱龙，高强，方师乐，2021. 家庭自有农机如何影响土地流转？：基于 cfps 的实证分析 [J]. 中国农业大学学报，26 (6)：219-230.

钱龙，袁航，刘景景，等，2018. 农地流转影响粮食种植结构分析 [J]. 农业技术经济 (8)：63-74.

钱忠好，王兴稳，2016. 农地流转何以促进农户收入增加：基于苏、桂、鄂、黑四省 (区) 农户调查数据的实证分析 [J]. 中国农村经济 (10)：39-50.

仇童伟，罗必良，2018. 粮食生产下滑真的源于农地产权边际效应递减吗？：来自 1978—2010 年中国省级数据的证据 [J]. 制度经济学研究 (1)：1-32.

全千红，沈苏彦，2020. 基于扎根理论的乡村旅游可持续生计分析：以南京高淳大山村为例 [J]. 世界农业 (6)：110-119.

饶旭鹏，2011. 国外农户经济理论研究述评 [J]. 江汉论坛 (4)：43-48.

尚慧，2011. 丘陵区耕地种植规模与生产效率的关系 [D]. 重庆：西南大学.

宋戈，武晋伊，2016. 土地承包经营权流转"非粮化"原因剖析及政策调控 [J]. 学术交流 (7)：122-126.

苏冰涛，李松柏，2013. 社会转型期"生态贫民"可持续生计问题研究 [J]. 四川农业大学学报，31 (3)：358-364.

苏芳，尚海洋，2012. 农户生计资本对其风险应对策略的影响：以黑河流域张掖市为例

［J］. 中国农村经济（8）：79 - 87，96.

苏芳，徐中民，尚海洋，2009. 可持续生计分析研究综述［J］. 地球科学进展，24（1）：
　　61 - 69.

孙晗霖，刘芮伶，刘新智，2020. 乡村建设对精准脱贫户生计可持续的影响：基于贫困
　　地区 2 660 个脱贫家庭的数据分析［J］. 西北农林科技大学学报：社会科学版，20
　　（5）：56 - 67.

孙晓燕，苏昕，2012. 土地托管、总收益与种粮意愿：兼业农户粮食增效与务工增收视
　　角［J］. 农业经济问题，33（8）：102 - 108，112.

谭淑豪，2011. 现行农地经营格局对农业生产成本的影响［J］. 农业技术经济（4）：
　　71 - 77.

谭永忠，韩春丽，吴次芳，等，2013. 国外剥离表土种植利用模式及对中国的启示［J］.
　　农业工程学报，29（23）：194 - 201.

檀竹平，洪炜杰，罗必良，2019. 农业劳动力转移与种植结构"趋粮化"［J］. 改革
　　（7）：111 - 118.

唐轲，王建英，陈志钢，2017. 农户耕地经营规模对粮食单产和生产成本的影响：基于
　　跨时期和地区的实证研究［J］. 管理世界（5）：79 - 91.

唐信，冯永泰，2012. 简析毛泽东"农业的根本出路在于机械化"思想［J］. 毛泽东邓
　　小平理论研究（2）：78 - 82，116.

田传浩，贾生华，2004. 农地制度、地权稳定性与农地使用权市场发育：理论与来自苏
　　浙鲁的经验［J］. 经济研究（1）：112 - 119.

田传浩，李明坤，2014. 土地市场发育对劳动力非农就业的影响：基于浙、鄂、陕的经
　　验［J］. 农业技术经济（8）：11 - 24.

田素妍，陈嘉烨，2014. 可持续生计框架下农户气候变化适应能力研究［J］. 中国人
　　口·资源与环境，24（5）：31 - 37.

万晶晶，钟涨宝，2020. 非农就业、农业生产服务外包与农户农地流转行为［J］. 长江
　　流域资源与环境，29（10）：2307 - 2322.

汪三贵，胡骏，2020. 从生存到发展：新中国七十年反贫困的实践［J］. 农业经济问题
　　（2）：4 - 14.

王彩霞，2017. 工商资本下乡与农业规模化生产稳定性研究［J］. 宏观经济研究（11）：
　　157 - 162，187.

王翠翠，夏春萍，蔡轶，2022. 农业电商扶贫可以提升农户的可持续生计吗？：基于农产

品上行视角 [J]. 浙江农业学报，34（3）：636-651.

王欢，杨海娟. 大城市郊区农地流转特征及影响因素实证研究：基于西安市秦岭北麓 684 户农户调查，2018 [J]. 西北大学学报：自然科学版，48（2）：284-290.

王丽媛，韩媛媛，2020. 劳动力回流与土地流转相悖吗？：论异质型非农就业如何影响土地流转 [J]. 经济问题（9）：18-26.

王琪，王永生，杜国明，等，2021. 基于人地关系的干旱区耕地流转空间分异特征与驱动机制的地理探测 [J]. 农业资源与环境学报，38（2）：241-248.

王倩，党红敏，余劲，2021. 粮食价格如何影响土地流转租金及收益分配？：基于 2013—2019 年农户调查面板数据 [J]. 中国土地科学，35（8）：57-66.

王倩，管睿，余劲，2019. 风险态度、风险感知对农户农地流转行为影响分析：基于豫鲁皖冀苏 1 429 户农户面板数据 [J]. 华中农业大学学报（社会科学版）（6）：149-158，167.

王善高，雷昊，2019. 土地流转费用上涨对粮食生产的影响研究：基于种植结构调整、农作物品质调整和要素替代的视角 [J]. 中国农业资源与区划，40（7）：58-65.

王晓兵，侯麟科，张砚杰，等，2011. 中国农村土地流转市场发育及其对农业生产的影响 [J]. 农业技术经济（10）：40-45.

王亚辉，李秀彬，辛良杰，2019. 耕地地块细碎程度及其对山区农业生产成本的影响 [J]. 自然资源学报，34（12）：2658-2672.

王玉斌，赵培芳，2022. 非农就业、农业生产性服务与农地流转：基于湘皖苏水稻种植户的调查数据 [J]. 中国农业资源与区划，43（2）：113-121.

王震，辛贤，2022. 为什么越来越多的农户选择跨村流转土地 [J]. 农业技术经济（1）：19-33.

吴冠岑，牛星，田伟利，2013. 乡村土地旅游化流转风险的整合治理探讨 [J]. 农业经济（1）：92-93.

吴文斌，唐华俊，杨鹏，2010. 基于空间模型的全球粮食安全评价 [J]. 地理学报，65（8）：907-918.

吴文斌，余强毅，陆苗，2018. 耕地复种指数研究的关键科学问题 [J]. 中国农业科学，51（9）：1681-1694.

吴兆娟，魏朝富，尚慧，2011. 基于农户层面的耕地经济产出价值研究 [J]. 经济地理，31（9）：1516-1522.

伍继强，王秀兰，熊根林，2020. 基于可持续生计框架的农地整治对农户生计策略的影

响研究 [J]. 水土保持通报，40 (2)：269 - 277，284.

伍振军，孔祥智，郑力文，2011. 农地流转价格的影响因素研究：基于皖、浙两省 413 户农户的调查 [J]. 江西农业大学学报（社会科学版），10 (3)：1 - 6.

夏玉莲，匡远配，2017. 农地流转的多维减贫效应分析：基于 5 省 1 218 户农户的调查数据 [J]. 中国农村经济 (9)：44 - 61.

谢花林，刘桂英，2015.1998—2012 年中国耕地复种指数时空差异及动因 [J]. 地理学报，70 (4)：604 - 614.

谢花林，刘曲，姚冠荣，2015. 基于 psr 模型的区域土地利用可持续性水平测度：以鄱阳湖生态经济区为例 [J]. 资源科学，37 (3)：449 - 457.

信桂新，杨朝现，邵景安，2017. 基于农地流转的山地丘陵区土地整治技术体系优化及实证 [J]. 农业工程学报，33 (6)：246 - 256.

徐世艳，李仕宝，2009. 现阶段我国农民的农业技术需求影响因素分析 [J]. 农业技术经济 (4)：42 - 47.

徐昔保，杨桂山，2013. 太湖流域 1995—2010 年耕地复种指数时空变化遥感分析 [J]. 农业工程学报，29 (3)：148 - 155.

徐羽，李秀彬，辛良杰，2021. 中国耕地规模化流转租金的分异特征及其影响因素 [J]. 地理学报，76 (3)：753 - 763.

徐征，刘媛，崔茜，2020. 我国农产品市场价格变动背后的生产成本效应：以粮食为例 [J]. 价格月刊 (3)：15 - 20.

徐志刚，崔美龄，2021. 农地产权稳定一定会增加农户农业长期投资吗？：基于合约约束力的视角 [J]. 中国农村观察 (2)：42 - 60.

许彩华，党红敏，余劲，2022. 农户非农就业的代际分工对农地流转行为的影响：基于农业生产服务外包的中介效应分析 [J]. 西北农林科技大学学报：社会科学版，22 (1)：141 - 150.

许连君，2020. 行为经济学视角的农户土地流转意愿分析：以浙江农户为例 [J]. 浙江农业学报，32 (2)：367 - 372.

许庆，刘进，钱有飞，2017. 劳动力流动、农地确权与农地流转 [J]. 农业技术经济 (5)：4 - 16.

许庆，田士超，徐志刚，2008. 农地制度、土地细碎化与农民收入不平等 [J]. 经济研究 (2)：83 - 92，105.

许庆，尹荣梁，章辉，2011. 规模经济、规模报酬与农业适度规模经营：基于我国粮食

生产的实证研究 [J]. 经济研究, 46 (3): 59-71, 94.

薛春璐, 裴志远, 郭琳, 2021. 基于农地确权数据的流转土地价格与农村人口的空间关系: 以观音滩镇为例 [J]. 中国农业大学学报, 26 (9): 216-230.

阳利永, 吴利, 杨艳俊, 2021. 地域分异与农户分化对农户农地转出行为的影响 [J]. 中国农业资源与区划, 42 (4): 187-195.

杨国力, 孔荣, 杨文杰, 2014. 农地承包经营权转让意愿价格: 一个供求均衡: 陕西省三县 (区) 721 户农户调查 [J]. 农村经济 (2): 22-26.

杨红梅, 刘卫东, 刘红光, 2011. 土地市场发展对土地集约利用的影响 [J]. 中国人口·资源与环境, 21 (12): 129-133.

杨慧莲, 李艳, 韩旭东, 等, 2019. 土地细碎化增加 "规模农户" 农业生产成本了吗?: 基于全国 776 个家庭农场和 1 166 个专业大户的微观调查 [J]. 中国土地科学, 33 (4): 76-83.

杨琨, 刘鹏飞, 2020. 欠发达地区失地农民可持续生计影响因素分析: 以兰州安宁区为例 [J]. 水土保持研究, 27 (4): 342-348.

杨青, 彭超, 许庆, 2022. 农业 "三项补贴" 改革促进了农户土地流转吗? [J]. 中国农村经济 (5): 89-106.

杨杨, 李金荣, 陈廷贵, 等, 2022. 长江流域退捕渔民可持续生计: 影响因素与路径 [J]. 统计与决策, 38 (10): 81-85.

杨震宇, 张日新, 2020. 空间异质性视角下的农地租赁价格影响因素研究 [J]. 经济经纬, 37 (2): 52-60.

姚监复, 2000. 中国农业的规模经营与农业综合生产率: 防华盛顿大学农村发展所徐孝白先生 [J]. 中国农业资源与区划 (5): 22-24.

叶艳妹, 吴次芳, 蒋悦悦, 2011. 基于精细化分区的农地整理田块规划设计研究 [J]. 中国土地科学, 25 (2): 55-60, 54, 97.

余戎, 王雅鹏, 2020. 土地流转类型影响农村劳动力转移机制的经济分析: 基于全国 2 290 份村级问卷的实证研究 [J]. 经济问题探索 (3): 20-32.

余晓洋, 郭庆海, 2019. 小农户嵌入现代农业: 必要性、困境和路径选择 [J]. 农业经济与管理 (4): 10-17.

虞松波, 刘婷, 曹宝明, 2019. 农业机械化服务对粮食生产成本效率的影响: 来自中国小麦主产区的经验证据 [J]. 华中农业大学学报: 社会科学版 (4): 81-89, 173.

张本照, 丁元欣, 王海涛, 2016. 内股外租经营方式下农地使用权定价研究 [J]. 江淮论坛（2）：26-31.

张闯娟，何洪鸣，2020. 西南地区耕地复种指数的时空格局演变及影响因素［J］. 干旱地区农业研究，38（3）：222-230.

张华泉，王淳，2020. 乡村振兴背景下土地流转用途规制可有效抑制"非粮化"倾向吗?：基于三方动态博弈的视角［J］. 四川师范大学学报（社会科学版），47（3）：59-65.

张建，杨子，诸培新，等，2020. 农地流转与农户生计策略联合决策研究［J］. 中国人口·资源与环境，30（2）：21-31.

张良悦，2016. 农业发展的目标性、制度变迁的规范性与农地流转的工具性：对经济新常态下农地流转与现代农业发展的认识［J］. 河北经贸大学学报，37（2）：91-98.

张美艳，张耀启，辛晓平，等，2020. 基于heckman模型的牧户草原流转决策研究［J］. 中国农业资源与区划，41（12）：57-65.

张藕香，姜长云，2016. 不同类型农户转入农地的"非粮化"差异分析［J］. 财贸研究，27（4）：24-31，67.

张茜，屈鑫涛，魏晨，2014. 粮食安全背景下的家庭农场"非粮化"研究：以河南省舞钢市21个家庭农场为个案［J］. 东南学术，4（3）：94-100，247.

张倩，许泉，王全忠，2016. 补贴政策与农户稻作制度选择：基于湖南省微观调研的证据［J］. 产业经济研究（6）：89-99.

张苇锟，何一鸣，罗必良，2020. 土地流转市场发育对农户非农就业的影响：基于村庄土地流转"成本—规模"视角的考察［J］. 制度经济学研究（2）：1-22.

张苇锟，杨明婉，2020. 土地转出规模与农村劳动力转移就业：基于粤赣乡村调研数据的实证分析［J］. 调研世界（8）：26-32.

张晓恒，周应恒，严斌剑，2017. 农地经营规模与稻谷生产成本：江苏案例［J］. 农业经济问题，38（2）：48-55，2.

张亚丽，白云丽，辛良杰，2019. 耕地质量与土地流转行为关系研究［J］. 资源科学，41（6）：1102-1110.

张亚洲，杨俊孝，2022. 土地流转与农户贫困脆弱性研究：基于新疆南疆地区1 640户农户调查实证［J］. 中国农机化学报，43（4）：198-205.

张永丽，梁顺强，2018. 土地流转对农村劳动力流动的影响［J］. 干旱区资源与环境，32（8）：45-51.

张月群，李群，2012. 新中国前30年农业机械化发展及其当代启示［J］. 毛泽东邓小平理论研究（4）：53 - 59，115.

张占录，张雅婷，张远索，等，2021. 基于计划行为理论的农户主观认知对土地流转行
    为影响机制研究［J］. 中国土地科学，35（4）：53 - 62.

张璋，周海川，2017. 非农就业、保险选择与土地流转［J］. 中国土地科学，31（10）：
    42 - 52.

张正峰，杨红，谷晓坤，2013. 土地整治对平原区及丘陵区田块利用的影响［J］. 农业
    工程学报，29（3）：1 - 8.

张宗毅，杜志雄，2015. 土地流转一定会导致"非粮化"吗?：基于全国 1 740 个种植业
    家庭农场监测数据的实证分析［J］. 经济学动态（9）：63 - 69.

张宗毅，周曙东，曹光乔，2009. 我国中长期农机购置补贴需求研究［J］. 农业经济问
    题，30（12）：34 - 41.

赵春雨，2017. 贫困地区土地流转与扶贫中集体经济组织发展：山西省余化乡扶贫实践
    探索［J］. 农业经济问题，38（8）：11 - 16.

赵峰，黄寿海，2016. 农村土地承包经营权流转碎片化及其整体性治理［J］. 宏观经济
    研究（1）：13 - 19.

赵军洁，周海川，2021. 乡村振兴战略下农业降成本的优化策略［J］. 宏观经济管理
    （1）：37 - 43.

赵朋飞，王宏健，2020. 示范效应、社会网络与贫困地区农村家庭可持续生计：来自创
    业视角的实证分析［J］. 西南民族大学学报：人文社科版，41（9）：125 - 133.

郑冰岛，朱汉斌，2019. 农地产权、流转市场与农村劳动力配置［J］. 人文杂志（6）：
    120 - 128.

周静，曾福生，2019. "变或不变"：粮食最低收购价下调对稻作大户种植结构调整行为
    研究［J］. 农业经济问题（3）：27 - 36.

周丽，黎红梅，李培，2020. 易地扶贫搬迁农户生计资本对生计策略选择的影响：基于
    湖南搬迁农户的调查［J］. 经济地理，40（11）：167 - 175.

朱晶，晋乐，2016. 农业基础设施与粮食生产成本的关联度［J］. 改革（11）：74 - 84.

朱晶，晋乐，2017. 农业基础设施、粮食生产成本与国际竞争力：基于全要素生产率的
    实证检验［J］. 农业技术经济（10）：14 - 24.

朱启臻，杨汇泉，2011. 谁在种地：对农业劳动力的调查与思考［J］. 中国农业大学学
    报：社会科学版，28（1）：162 - 169.

诸培新，张建，张志林，2015. 农地流转对农户收入影响研究：对政府主导与农户主导

型农地流转的比较分析 [J]. 中国土地科学，29（11）：70 - 77.

庄龙玉，2020. 农户非农化对土地流转决策的影响 [J]. 统计与决策，36（4）：82 - 85.

Allison E H，Horemans B，2006. Putting the principles of the sustainable livelihoods approach into fisheries development policy and practice [J]. Marine Policy，30（6）：757 - 766.

Amemiya T，1977. The maximum likelihood estimator and the non-linear three stage least squares estimator in the general non-linear simultaneous equation model [J]. Econometrica，45：995 - 968.

Arrow K J，1996. The theory of risk-bearing：small and great risks [J]. Journal of Risk and Uncertainty，12：103 - 111.

Awasthi M K，2014. Socioeconomic Determinants of Farmland Value in India [J]. Land Use Policy，39：78 - 83.

Bashaasha B，Kasozi S M，Diiro G，2008. Tenure system and the value of agricultural land in Uganda [J]. Journal of Food Agriculture & Environment，6（1）：158 - 162.

Berchoux T，Watmough G R，Johnson F A，et al.，2020. Collective influence of household and community capitals on agricultural employment as a measure of rural poverty in The Mahanadi Delta [J]. India，49（1）：281 - 298.

Callesen G M，Lundhede T H，Olsen S B，et al.，2022. Socioeconomic Effects of a Bottom up Multifunctional Land Consolidation Project [J]. Land Use Policy，117：106102.

Cao Y，Zhang X L，2018. Are they satisfied with land taking? Aspects on procedural fairness，monetary compensation and behavioral simulation in China's land expropriation story [J]. Land Use Policy，74：166 - 178.

Chambers R，Conway G R，1992. Sustainable rural livelihoods：Practical concepts for the 21st century [J]. Ids Discussion Paper No. 296. Brighton，Institute of Development Studies，296：6.

Chaudhuri S，2003. Assessing vulnerability to poverty：concepts，empirical methods and illustrative examples [D]. New York：Department of Economics，Columbia University，56.

Deininger K，Jin S Q，2008. Land sales and rental markets in transition：Evidence from rural Vietnam [J]. Oxford Bulletin of Economics and Statistics，70（1）：67 - 101.

Deng X, Xu D D, Zeng M, et al., 2019. Does early life famine experience impact rural land transfer? Evidence from China [J]. Land Use Policy, 81: 58 - 67.

Elasha B O, Elhassan N G, Ahmed H, et al., 2005. Sustainable livelihood approach for assessing community resilience to climate change: Case studies from Sudan [R]. Assessments of impacts and adaptations to climate change (AIACC) working paper, 17.

Ellis F, Ellis F, 2000. Rural Livelihoods and Diversity in Developing Countries [M] // Rural Livelihoods And Diversity In Developing Countries. Oxford: Oxford University Press, 8.

Gottlieb C, Grobovšek J, 2019. Communal land and agricultural productivity [J]. Journal of Development Economics, 138: 135 - 152.

Hirano K, Imbens G W, 2004. The propensity score with continuous treatments [M]. England: John Wiley & Sons, Ltd.

Hu Y G, Xiao S S, Wen J Q, et al., 2019. An anp-multi-criteria-based methodology to construct maintenance networks for agricultural machinery cluster in a balanced scorecard context [J]. Computers and Electronics in Agriculture, 158: 1 - 10.

Jiang M S, Li J R, Paudel K P, et al., 2019. Factors affecting agricultural land transfer-out in China: A semiparametric instrumental variable model [J]. Applied Economics Letters, 26 (20): 1729 - 1733.

Jin S, Deininger K, 2009. Land rental markets in the process of rural structural transformation: Productivity and equity impacts from China [J]. Journal of Comparative Economics, 37 (4): 629 - 646.

Kim M, Xie Y, Cirella Gt, 2019. Sustainable transformative economy: Community based ecotourism [J]. Sustainability, 11 (18): 4977.

Kimura S, Otsuka K, Sonobe T, et al., 2011. Efficiency of land allocation through tenancy markets: Evidence from China [J]. Economic Development & Cultural Change, 59 (3): 485 - 510.

Kung J K S, Lee Y F, 2001. So what if there is income inequality? The distributive consequence of nonfarm employment in rural China [J]. Economic Development and Cultural Change, 50 (1): 19 - 46.

Leng Z H, Wang Y N, Hou X S, 2021. Structural and efficiency effects of land transfers on food planting: A comparative perspective on North and South of China [J]. Sustainability, 13 (6), 3327.

Li J N, Song S F, Sun G L, 2022. Non-farm employment, farmland renting and farming ability: Evidence from China [J]. International Journal of Environmental Research and Public Health, 19 (9): 5476.

Liang Y C, Li S Z, Feldman M W, et al., 2012. Does household composition matter? The impact of the grain for green program on rural livelihoods in Chin [J]. Ecological Economics, 75: 152 – 160.

Liu X Q, Liu Y S, Liu Z J, et al., 2021. Impacts of climatic warming on cropping system borders of China and potential adaptation strategies for regional agriculture development [J]. Science of the Total Environment, 10: 755.

Liu Y P, Shi H K, Su Z, et al., 2022. Sustainability and risks of rural household livelihoods in ethnic tourist villages: Evidence from China [J]. Sustainability, 14 (9): 5409.

Loison S A, 2015. Rural livelihood diversification in sub-Saharan Africa: A literature review [J]. The Journal of Development Studies, 51 (9): 1125 – 1138.

Lu H, Xie H L, 2018. Impact of changes in labor resources and transfers of land use rights on agricultural non-point source pollution in Jiangsu Province, China [J]. Journal of Environmental Management, 207: 134 – 140.

Lundberg L, Jonson E, Lindgren K, et al., 2015. A cobweb model of land use competition between food and bioenergy crops [J]. Journal of Economic Dynamics and Control, 53: 1 – 14.

Luo X, Zhang Z, Lu X H, et al., 2019. Topographic heterogeneity, rural labour transfer and cultivated land use: An empirical study of plain and low hill areas in China [J]. Papers in Regional Science, 98 (5): 2157.

Lyu K Y, Chen K, Zhang H Z, 2019. Relationship between land tenure and soil quality: Evidence from China's soil fertility analysis [J]. Land Use Policy, 80: 345 – 361.

Manjunatha A, Anik A, Speelman S, 2013. Impact of land fragmentation, farm size, land ownershipand crop diversity on profit and efficiency of irrigated farms in India [J]. Land Use Policy, 31 (4): 397 – 405.

Mbiba M, Collinson M, Hunter L, et al., 2019. Social capital is subordinate to natural capital in buffering rural livelihoods from negative shocks: Insights from rural South Africa [J]. Journal of Rural Studies, 65: 12 - 21.

Peng D D, Li J R, Paudel K, et al., 2021. Land transfer and food crop planting decisions in China [J]. Applied Economics Letters, 28 (20): 1777 - 1783.

Popkin S, 1979. The rational peasant: The political economy of rural society in Vietnam [M]. Berkeley: University of California Press.

Pratt J, 1964. Risk aversion in the small and the large [J]. Econometrica, 32 (1 - 2): 122 - 136.

Qiu T W, Shi X J, He Q Y, et al., 2021. The paradox of developing agricultural mechanization services in China: Supporting or kicking out smallholder farmers [J]. China Economic Review, 69: 101680.

Rakodi C, 1999. A capital assets framework for analysing household livelihood strategies: Implications for policy [J]. Development Policy Review, 17 (3): 315 - 342.

Rosenbaum P R, Rubin D B, 1985. Constructing a control group using multivariate matched sampling methods that incorporate the propensity score [J]. The American, 39: 33 - 38.

Roskruge M, Grimes A, Mccann P, et al., 2012. Social capital and regional social infrastructure investment: Evidence from New Zealand [J]. International Regional Science Review, 3 (1): 3 - 25.

Rubin D B, 1974. Eestimating causal effects of treatments in randomized and norandomizzed studies [J]. Journal of Educational Psychology, 66: 688 - 701.

Scoones I, 1998. Sustainable rural livelihoods: A framework for analysis [R]. Brighton: Institute of Development Studies.

Sinha A, Das S K, Manna R K, et al., 2013. Sustainable livelihood programme for fisheries under tribal sub plan at Sagar Island, Sundarban, West Bengal [Z].

Solesbury W, 2003. Sustainable livelihoods: A case study of the evolution of DFID policy [M]. London: Overseas Development Institute.

Sun S H, Zhou M H, 2019. Analysis of farmers' land transfer willingness and satisfaction based on SPSS analysis of computer software [J]. Cluster Computing, 22: 9123 - 9131.

Terry V D, 2003. Scenarios of Central European land fragmentation [J]. Land Use

Policy, 20 (2): 149 – 158.

Wallace I, 2007. A framework for revitalisation of rural education and training systems in sub-Saharan Africa: Strengthening the human resource base for food security and sustainable livelihoods [J]. International Journal of Educational Development, 27 (5): 581 – 590.

Wang C, Shi G Q, Wei Y P, et al. , 2017. Balancing rural household livelihood and regional ecological footprint in water source areas of the South-To-North Water Diversion Project [J]. Sustainability, 9 (8): 1393.

Wang W, Luo X, Zhang C M, et al. , 2021. Can land transfer alleviate the poverty of the elderly? Evidence from rural China [J]. International Journal of Environmental Research and Public Health, 18 (21): 11288.

Wang Y H, 2019. What affects participation in the farmland rental market in rural China? Evidence from Charls [J]. Sustainability, 11 (24): 7021.

Xie H L, Lu H, 2017. Impact of land fragmentation and non-agricultural labor supply on circulation of agricultural land management rights [J]. Land Use Policy, 68: 355 – 364.

Xu D D, Deng X, Guo S L, et al. , 2019. Sensitivity of livelihood strategy to livelihood capital: An empirical investigation using nationally representative survey data from rural China [J]. Social Indicators Research, 144: 113 – 131.

Xu D D, Yong Z L, Deng X, et al. , 2020. Rural-urban migration and its effect on land transfer in rural China [J]. Land, 9 (3): 81.

Xu H Z, Zhao Y H, Tan R H, et al. , 2017. Does the policy of rural land rights confirmation promote the transfer of farmland in China [J]. Acta Oeconomica, 67 (4): 643 – 660.

Yan X H, Bauer S, Huo X X, 2014. Farm size, land reallocation, and labour migration in rural China [J]. Population Space and Place, 20 (4): 303 – 315.

Yang R, Luo X L, Xu Q, et al. , 2021. Measuring the Impact of the multiple cropping index of cultivated land during continuous and rapid rise of urbanization in China: A study from 2000 to 2015 [J]. Land, 10 (5): 491.

Yin R S, Liu C, Zhao M J, et al. , 2014. The implementation and impacts of China's largest payment for ecosystem services program as revealed by longitudinal household data [J]. Land Use Policy, 40: 45 - 55.

Zhang C J, He H M, Mokhtar A, 2019. The impact of climate change and human activity on spatiotemporal patterns of multiple cropping index in south west China [J]. Sustainability, 11 (19): 5308.

Zhang J Y, Dai M H, Wang L C, et al., 2016. Household livelihood change under the rocky desertification control project in Karst Areas, Southwest China [J]. Land Use Policy, 56: 8 - 15.

Zhang Y L, Wang Y H, Bai Y L, 2019. Knowing and doing: The perception of subsidy policy and farmland transfer [J]. Sustainability, 11 (8): 2393.

Zhang Y, Wan G H, 2009. How precisely can we estimate vulnerability to poverty [J]. Oxford Development Studies, 37 (3): 277 - 287.